サアラ Saarahat

波動のしくみ

魂の出会い　豊かさのひみつ

徳間書店

あなたと出会う全ての人は、
この果てしない宇宙の中であなたと出会う約束をした
縁の深い魂です。

人を好きになるのは、
自分の魂と共通するエネルギー（情報）を
相手から受け取ることによって、
その人に興味が湧くからです。

「その人を通して自分を知りなさい」
これが、あなたのスピリットからのメッセージです。
その人を通してあなたが気づいていない、
あなた自身の深い傷や
素晴らしい才能、潜在能力に気づけるかもしれません。

どんな関係でも、あなたが出会う全ての人は、
あなたを映し出す鏡であることを忘れないでください。
それが、あなたを幸せに導く「鍵」です。

はじめに――人生というゲームをより楽しく豊かにするために

この本の原本となる『聖なる恋愛コード81《ハッピー》　あなたを至福に導くスピリチュアル恋愛術』（徳間書店）を出版させていただいたのは2006年、あれから13年も経ったのですね。その間には、個人的にも社会的にも、本当にたくさんの出来事がありました。それに伴い名前もMasakoという今生の名から、魂そのものを表わすサアラSaarahatに変わりました。

あの当時は、自分が恋愛の本を書くことになるとは全く思いもしませんでした。今回、徳間書店さんから、「改訂版を出しましょう」とお誘いを受けたのは、2008年11月も後半のことでしたから、「間に合うの?」と思いながらも、確かに非常に大きな時代の移行期にあり、しかも、今後の地球の運命を決定付けるような重要な時期に、パートナーシップは、何より必要なメッセージになるだろうと感じて、思わず「やりましょう！」と即答してしまいました。

でも、実際、人は13年も経つと大きく変わります。心身共に重厚感を増した私は、あのときのように軽い乗りで書くことは、何だか気恥ずかしい年になりました。当時の本を読んでくださった方たちも、おそらく同様にいい感じに年を重ねられたことでしょう。

ですから、今回の改訂版は、改訂というよりも成長版となって、より多くの方の人間関係と、大袈裟に聞こえるかもしれませんが、地球の進化のお役に立てることを心から願っています。

さて、世界中の多くの人が人間関係に問題を抱えて悩んでいます。

広い意味では、人種差別、階級差別、男尊女卑などの問題もありますが、ごく身近な関係においても、問題を抱えた人が実に多いのはなぜなのでしょうか。

親子、兄弟、夫婦、パートナー、仲間など、最も信頼し合えるはずの、近しい関係ほど嘘が多く、互いを欺《あざむ》き合っているのは、とても悲しい事実です。このような問題を抱えながらも、お互いに見て見ぬ振りをして、一日一日をやり過ごすような人生のままでいいのでしょうか。

本来、人は幸福を知るために生まれてきたのではないのでしょうか。

私自身も、幼少期から離婚に至るまでは、たくさんの問題を抱えて、人を傷つけ、また自分自身も傷つけてきました。だからこそ、同じ人間同士なのに、なぜ心を通わせることができないのだろう……？　人が幸せになるにはどうしたらよいのだろう……？　と真剣に考えるようになりました。

改めて考えてみると、人がそれぞれの個性を活かして、自分らしく生きることがそれぞれの幸福のために必要だと気づくと同時に、そのような生き方を選択することが難しい世の中であることに気づきました。

その根本原因は、画一的な価値観によって評価されることにあります。

学校でも、職場でも、そして家庭でさえも、誰かが決めた価値基準に従って、常に評価に晒《さら》されなければなりません。これでは本当の自分を知ることなどできませんから、自分らしく生きることもできるはずがありません。

多くの人はいつも人の目を気にして、人から悪く思われるのではないか、人から馬鹿にされるのではないかと、びくびくしています。ほっとできるのは一人でいるときだけなのかもしれません。

私は15年ほど個人セッションを行っていました。そのとき気づいたのは、かつての私と同じように人間関係の難しさに悩んでいることに加えて、ついには諦《あきら》めて心を閉ざしてしまっている人や、人を信じられなくなってしまった人、また、コミュニケーションに対して、強い劣等感を持っている人がほとんどで、本来在《あ》るべき健全な人間関係を築けている人がほとんどいないということです。

もちろん程度はさまざまです。特に人間関係で問題は起きていなくても、本当に心を通わせ合えて、どんなことでも打ち明けられる相手がいないという人もたくさんいました。

このような状況に直面した私は、旧約聖書の創世記11章に書かれている「バベルの塔」の話を思い出しました。

「バベルの塔」についての解釈はさまざまありますが、一般的な解釈を紹介しましょう。

いわゆるノアの方舟の話に出てくる大洪水の後、ノアの子孫の人々は、再び大洪水が起きても大丈夫なように、高い塔を建設します。そのときに、「石の代わりに煉瓦《れんが》を、漆喰《しっくい》の代わりにアスファルトを用いた」と書いてあり、人々が新しい技術を開発したことが記されています。これを見た神は、人々が知恵を出し合い、協力して、このようなことができないように、お互いに通じ合わない別の言語を与えて、世界各地に散らばせたという話です。

なぜキリスト教の「神」がそんなことをしたのか、不可解な話ですが、実際私たちは、このバラバラな言語のために、世界中のどこかで常に対立が起きていて、同じ目的のために結束することができません。

また、神の意志によってかどうかはわかりませんが、私たちは、利権を握った一部の人たちの利益のために、互いを監督し合い、評価し合うことで、知らぬ間に支配されてきました。私たち自身の生活の安全や向上のために、皆が協力して新しい技術を開発することなどできない状況にあります。

そう考えると、人と人とが言語を超えたところで心を通わせることは、人々の心に豊かさと幸福を与えるだけではなく、社会を大きく変える原動力となるのではないかと思います。

前作を書いた頃は、私自身が、スピリチュアルな意識を持って、真剣に向き合ってくれる新しいパートナーと出会い、厳しいパートナーシップに取り組んでいるタイミングでした。

今の私は、17年間誠実に向き合い続けてくれた夫のおかげで、ずいぶん成長することができました。彼と巡り会わなければ、私は自分自身に潜在する力を、発揮することも、知ることもなかったでしょう。

そして、幸せとは何かについても、全く理解できずにいたでしょう。


一昨年、２０１７年9月1日、夫は現実世界から姿を消しました。

心不全と診断され、それでも必死で引き留めようとする私の手のひらから、スルスルとこぼれてゆく砂のように消えていってしまいました。

最後の3ヶ月は、壮絶という表現が当てはまる状況でしたが、振り返ってみると、密度の濃い神聖な日々でした。彼は、肉体を離れて、スピリットとして生きる選択をしたことを、私が理解し、納得するまで根気強く待ってくれたように思います。

私たちは毎日ほぼ24時間一緒にいるような生活でしたから、最初は、彼の居ない現実が信じられない感覚でした。頭では夫の肉体はもうどこにもないと理解しているのに、心は無意識のうちに彼を探します。よく一緒に行ったあのお店に行けばいるかもしれない。外から帰ったら、家で「お帰り」って、待っているかもしれない……毎日毎日泣きました。

やがて彼を探すこともなくなりました。

そんな時期も過ぎて、今、私はスピリットに戻った彼と共に生きています。ふとした瞬間に彼の笑顔や優しい抱擁を懐かしく思って、涙することもありますが、そんなふうに思えることも、寂しいと感じたり、悲しくなったりすることも、彼を素直に愛することができたからだと思えます。そして、不思議なことに、こんな感覚を味わえる自分は、本当に幸せだと感じています。


多くの人が感情を理解しないまま、豊かな経験を知らないままで生きていることを残念に思います。

本当は、辛い思いを避けようとするから傷つき、寂しさを受け止めようとしないから傷ついているのだと気づくチャンスは、意外と少ないのかもしれません。

私は夫の死を経験させてもらったおかげで、どんな思いも自分の素直な思いですから、それらを受け止めることこそ、自分を大切にすることだと気づきました。とても深くて繊細な自分の感情を受け止めて、味わい尽くす時間は実に豊かな時間です。

たくさんの感情を経験した後に、幸せは孤独でも感じることができることを、そして、豊かな心は、どんな瞬間にも色あせることがないことを知りました。

夫の死を通して、心を育《はぐく》み、その豊かさと奥行きを知ることになるなんて、思いも寄らないことでした。この経験を通して知ったのは、真のパートナーシップは、現実的な二人の関係にあるわけではなく、自分の心の中にあるということ、そして、他のどんなことよりも人を成長させ、潜在的な可能性を切り開いてくれるということです。

現に夫の死は私たちを隔てるどころか、より密接な関わりを作ってくれました。夫はスピリットとして私の心に生き続け、私をさらに豊かに成長させると共に、さらに発展させようとしています。

本当に豊かな人生とは、まさにゲームのように、奇想天外なチャレンジを要するものです。

私たちがどんなに努力しても、成長のために必要な困難を避けることはできないからです。

ゲームは深刻になったら面白くありません。でも真剣に取り組まなければ、楽しくありません。そして、人生というゲームには、勝ち負けも善悪も正否もありません。これはより楽しく豊かな人生にするための教訓です。

2150年ほど続いた魚座時代が終わり、今、水瓶座時代に相応《ふさわ》しい世界へと、何もかもが変化し、進化してゆくプロセスにあります。

この端境《はざかい》期の混乱を力強く突破して、新しい時代を牽引しようとする皆さんの魂は、ご自身が気づいていない、多くの才能や力に満ちているはずです。そして奥深いところに豊かな心を隠し持っているはずです。

皆さんの周囲のすべての人たちは、そんな皆さんの真の姿を映してくれる鏡ですから、この本の内容は、恋愛の相手や夫婦の関係ばかりでなく、親子でも、兄弟でも、友人でも、同僚でも、どんな相手にも応用できる内容です。

本書と出会った皆さんが、周囲の人たちに誠実に向き合い、心を通わせようとすることで、自分らしさを取り戻し、潜在している力を発揮して輝きを放つことを、そして至福の人生となることを心から願っています。

一人一人が輝けば、今の歪《ゆが》んだ社会は、美しく豊かな地球に相応しい、楽園へと変貌を遂げることになるでしょう。

２０１８年12月

Ｓａａｒａｈａｔ

目次

第2章 「相手を引き寄せる」「出会いを創り出す」

第3章　駆け引きは不幸の始まり

第4章　いつも幸せを遠ざけてしまう人へ

第5章　あなたの幸せを妨げる恋愛プログラム

第6章　女性性エネルギーと男性性エネルギーの使い方

第7章　別れが訪れるとき

第8章　美しいSEXと結婚（魂の契約）

第9章　新しい時代を豊かに生きるために

カバーデザイン　三瓶可南子
カバーイラスト　しんやゆう子
編集　豊島裕三子
構成　麦秋アートセンター

第1章

あなたが出会う全ての人は、あなたを映し出す鏡です

1 恋愛は嵐のような勢いで、あなたの人生を大きく変えてくれます

かつてこの地球にシュメール文明が栄えていた頃に、世界最古の文字といわれる楔《くさび》形文字によって刻まれたシュメール神話の中には、神々が繰り広げる壮大なラブストーリーが描かれています。

このことからもわかるように、恋愛は普遍的なテーマであり、また人類にとって最も神聖なものでした。しかし、あるとき「神々」を押しのけるように現われた、絶対的な「男性神」によって、この聖なる営みは邪悪なことへとイメージを変えられてしまいました。

「神」とは「創造者」です。そして自分が持っている可能性を、自由に表現しようとする私たち自身も創造者、つまり神なのです。そして「私はいったい何者なのか?」と、自分自身を知ろうとすることは、実は創造の始まりです。

何より恋愛は、日頃「アーもう私って、バカ！」なんて言いながら生きている、私たち創造者が、相手《パートナー》を通して、忘れてしまった私たちの神聖さと可能性を知るダイナミックな創造行為です。だからこそ「恋愛」に対するイメージは歪められてしまったのかもしれません。

社会的概念に縛られて、神聖さを忘れ、また自分に潜在しているたくさんの可能性を制限してきた私たちは、傷ついた状態です。

私たちが一度恋愛モードに突入すると、片時も相手のことが頭から離れなくなってしまい、相手の一挙手一投足に心はかき乱され、何も手につかず、「彼（彼女）さえいればもう何もいらない」なんて、妙に自分らしくないことを思ったりします。

恋愛は、人を社会的概念から解放して、本来の純粋で情熱的な自分にもどしてくれる、特効薬です。だからこそ、神聖な意識を持って取り組めば、恋愛は嵐のような勢いで、あなたを大きく成長させて、人生を大きく変えてくれます。

そして、二度と失うことのない信頼に基づいた、創造の泉のようなパートナーシップを成就《じょうじゅ》させてくれるはずです。

2 「私なんかどうせ……」と思っていると、あなたのオーラも素直に発信してしまう

豊かなパートナーシップを実現させるためには、日頃からスピリチュアルな意識を持って日常生活をおくる必要があります。

では、「スピリチュアル」って何でしょうか？

さまざまな角度から定義づけることができるでしょう。

私たちの日常は、無意識にやっていることがたくさんあります。「さーあ、今日も頑張って息するぞ！」と思う人はいないはずです。また、毎日同じ道を通う通勤や通学路でスマホを見ながら　無意識に歩いてもちゃんと会社や学校にたどり着きます。偶然が重なって助かったことや、上手くいったことなどもありますよね。

これを当たり前だと思っていますが、いったい誰が日夜休まず心臓を動かしているのでしょう？　他人でないことは確かです。

こんなふうに考えてみると、私たちの生活はたくさんの不思議によって成立しています。そしてこれらのことは、決して「偶然」や「たまたま」ではなく、明確な規則性を持って成立しています。

「スピリチュアル」とは、この不思議な現象に好奇心を持って、その規則性に気づき、自分自身に潜在している、たくさんの可能性をここに表現しようとすることです。

ですから、本来「スピリチュアルは科学」なのです。

さて、皆さんが「私」と自覚できる部分は、全ての自分の約3％です。

「そんなに少ないの？」って思いましたか？　「じゃあ残りの97％は何？」と思われるでしょう。それを霊性《スピリット》と呼んでいます。

「魂」という言葉はよく使われますが、**魂は、「Book of Life」つまり「人生の書」と呼ばれるデータバンクです。つまり、情報を保存しておく器です。**

「いったい何が情報なの？　ちっともわからない」と、よく言われます。

私たちの魂には、ここに生まれてくるに当たって、肉体を作り出し、また機能させ続けるための設計図やシステム、思考や感情を作り出すためのシステムや、それぞれ独自の思考や感情のパターンを持っていますが、これらのパターンを作り出すプログラム等がインストールされています。

これらを総じて情報と言うことができますが、**これらの情報が刻まれたエネルギーを霊性《スピリット》と呼びます。** 霊性《スピリット》事態は個別化できないものですが、器である魂に宿ることによって個別化されます。このように霊性が宿る魂が、肉体を持って現実世界に生きている状態が私たちです。

ここで注意していただきたいのは、自分の魂に宿る霊性《スピリット》は自分自身の意識であって、「神様」「大天使」などといわれる他の存在の意識ではないということです。

この素晴らしい意識は俗的に「オーラ」と呼ばれている、「ヒューマンエネルギーフィールド」に存在します。ここでは皆さんに親しみやすい「オーラ」と呼ぶことにします。「オーラ」は、刻々と変化し続けています。そして、あなたが意識していてもいなくても、あなたの脳を通してあなたの日々の営みを管理運営し、またあなたの周りの現実に影響をおよぼしています。

オーラは肉眼では見えないけれど、実は、全ての人がオーラからたくさんの情報を読み取っています。

電車に乗っていても、「この人は穏やかそうでいい感じ」「この人はきっといいことがあったんだろうな」、逆に「何かこの人ストレス多そう」などと勝手に感じてしまうものです。これは立派なオーラリーディングです。

あなたがもし「私なんかどうせ……」と自分を低く評価しているとすれば、オーラには「私なんか、たいしたことないんです」という情報が刻まれていて、そのサインを素直に出しますから、あなたの周りの人たちは、それに値する態度や行動を無意識にあなたにします。

つまり、そうさせているのはあなた自身ということです。

そして、全てに同じ法則が当てはまります。

人のせいなんてあり得ないのです。

だから、あなたは自分が納得できない現実を、自分自身で変えることができるのです。

特に恋愛となると、相手があることだし、自分の努力だけではどうにもならないと、諦めてきませんでしたか？　とんでもない。実は、**あらゆる人間関係は、思いのままになってしまうのですよ。**やる気が出ますよね。

さあ、今日から、いえ、今からすぐに始めてください。スピリチュアルな視点で現実を見る、スピリチュアルな人生を。

【そのための法則】

1　宇宙の法則は「同種を引き寄せ合う」のです。

あなたが出会う全ての人は、あなたを映し出す鏡です。

「〇〇されちゃった」「〇〇と言われちゃった」ではなく、「〇〇させちゃった」「〇〇と言わせちゃった」のです。人に言われたりされたりしていることは、自分に対して思ったり、してしまったりしていることの投影です。

2　失敗はスピリットからのギフトです。生きていれば大なり小なり失敗を経験します。でも落ち込んでいる暇はありません。あなた自身の高次の意識であるスピリットは、失敗という経験を通して、あなたに素晴らしい「気づき」をギフトしたがっているのです。

スピリットからのギフトを受け取ることに集中しましょう。

3 「人生はゲーム」です。

神に等しい高次の意識を持つ私たちには、本来できないこともなければ、不足しているものもありません。

ですから人間の一生は、肉体という制限を持って、わざと不満や不足を作って、それらを獲得して行くゲームです。だから楽しむことに価値があるのです。そしてゲームのゴールとなる目的は、幸福になることです。

ぜひ、今から「人生はゲーム」だという前提を取り入れて現実ゲームに取り組んでみてください。事あるごとに「この現実がゲームだったら……」と考えてみてください。

3 あなたが望む理想の恋愛に今世のゲームのテーマが潜んでいます

あなたは相手《パートナー》に何を求めていますか？

寂しさを埋めてもらいたい。

愛されたい。

優しくしてもらいたい。

何でも話を聞いてほしい。

心から信頼できる関係でいてほしい。

一人で生きていくのは辛いから、誰かに傍にいてほしい。

等々、あまりの自分の貪欲《どんよく》さに、さすがにそう都合よくいかないだろうと諦めているんじゃないですか？　そんな遠慮は抜きにして、思いっきり貪欲に自分の純粋な欲求を並べてみてください。多くの人は恋愛を通して自分の満たされない部分を満たそうとしています。当然そこには、あなたを真の幸福に導くヒントがたくさんあるはずです。

でも残念なことに、恋愛相手に自分の満たされない部分を求めても上手《うま》くはいきません。それどころか、多くの失恋の原因は、そこあると言えるでしょう。

それでも、**自分が恋愛に何を求めているのかを知ることは、「幸福」というゴールに向けて人生というゲームを進めてゆくにあたって、とても大切な準備です。**

優しく愛してくれるパートナーを求めているあなたは、あなたの中に優しさや愛が不足していると感じていて、その不足を満たしてくれる相手を求めているわけです。


たとえば二人で過ごす時間が長くなると、お互いへの不満が募《つの》りますよね。「気分が落ち込んでいる私のことも察してくれずに、お笑い番組なんか見てバカ笑いしてる!」「最近、電話をくれる回数が減っている」などとささいなことにも不満を感じてしまうのは、自分はいつも愛で満たされているという実感や自信を持てないことが原因です。

実は、それは意外と根深い問題で、恋愛ばかりでなく、他の人間関係や仕事、趣味にまで影響をおよぼしています。今世ばかりでなく過去世からの問題かもしれません。

でも、大丈夫です！　過去世でクリアできなかったテーマは、自動的に今回の人生でも取り組めるようになっていますから。

記憶にない過去世から引き継いだテーマは、当然思い出すことはできないかもしれません。でも、必ず今回の人生に影響を与えています。もちろんそれは、ネガティブな影響となっているので、不満や不安、不信と関係しているわけです。

そこで、あなたがどんな不満や不安などを抱えているかを明確にするためにこの作業は役に立ちます。

相手に求めることは、自分では気づいていない傷が原因となって、自分自身が十分に持っていると信じられない、もしくは、発揮できない、あるいは気づけない「何か」なのです。

この自分に潜在しているはずの、「何か」を回復する作業に、パートナーと共に取り組めば、未来は大きな可能性が広がることになるのですが、うっかり相手に満たしてもらおうとすると、却って痛い目にあいます。

あくまでも、自分自身の力を復活させる必要があることを覚えておきましょう。

4 恋愛には「何となくモード」と「本気モード」があります

「あーあ、クリスマスだっていうのに一人だなんて……」と口では言うものの、本心は彼氏や彼女はべつに必要ないと思っている人は意外と多いのではないですか？

世の中には、年頃なのに異性に興味がないのは、病気か変人みたいに思われる風潮がありますが、必ずしも全ての人に恋愛が必要なわけではありません。

では、恋愛という経験を必要としない人とはどんな人なのでしょうか？

一言で言うと今回の人生のテーマではないということです。

異性に強く惹《ひ》かれることもなければ、かといって特に毛嫌いすることもなく、彼氏や彼女がいなくても、寂しかったり、つまらなかったりすることもなく、十分に充実した人生を送ることができるので、恋愛そのものに憧れることもありません。

こういうタイプの人は、仮に恋愛をしても、何となく嫌いでないから一緒に居るだけで、本気で相手と向き合うことにはなりません。

恋愛を必要としない人は、今世では恋愛以外の経験によって「愛」を経験し、表現できることを知ろうとしています。

こんなふうに、恋愛には「何となくモード」と「本気モード」があります。

どちらからスタートしても、最終的に全身全霊で、パートナーシップに取り組めるのなら、それはそれでよいのですが、いつまでも「何となくモード」から発展しない「燻《くす》ぶり型」になってしまう場合は、自分の純粋な気持ちをチェックする必要があるでしょう。

人生ゲームの醍醐味《だいごみ》は自分自身の成長にあります。

でも「何となくモード」の恋愛は自己成長にはつながりません。

周りが恋愛ムードだから、自分も恋愛したいような気がしてしまったり、異性に興味がないと思われて、変人扱いされたくないという場合もあるかもしれません。また、恋愛して結婚すれば幸せになれると、刷り込まれてきたことを信じている人は意外と多くいます。

これらの理由で恋愛を求めていませんか？

意外と自分の本心はわかりにくいものです。

今は、恋愛以外の何かに取り組むべきときかもしれません。自分の純粋な気持ちを確認すると、何か他に興味が持てそうなことがあったり、今の仕事をもっと追求して、発展させたがっているかもしれません。

恋愛は嵐のように激しく自分を変化させるとともに、たくさんの気づきを与え、人生を大きく変えてくれますが、そこに費やすエネルギーも並大抵ではありません。

それだけに、「何となくモード」の恋愛は、あなたを消耗させるだけで、実りを期待できません。

せっかくなら一気に人生をシフトできる、真のパートナーシップに挑むべきです。

5 あなたと出会う全ての人は、果てしない宇宙の中で出会う約束をした縁の深い魂です

「私にとって理想的な相性の人は、どんなタイプの人でしょうか?」という質問をよく受けましたが、無意味な質問ですよね。

確かに誰にでも相性のよい相手と、そうでない相手はいます。でも実際に好きになる相手は必ずしも相性のよい相手ではありません。むしろ全く気が合わないなどと言うことはよくあることです。大切なのは相性ではなくて、好きという気持ちです。

「魂《ソウル》メイト」について書かれた本が、書店に並んでいますが、実際に「今の彼は魂《ソウル》メイトでしょうか?」という質問は多く、「彼は絶対に魂《ソウル》メイトだと思って付き合い始めたのに、ぜんぜん理解し合えないし、一緒にいても安らげないんです」という相談もよく受けました。

魂《ソウル》メイトにこだわりすぎて、自分を不自由にしているような気がします。どんなに自分の理想と違っても、**あなたと出会う全ての人は、この果てしない宇宙の中であなたと出会う約束をした、縁の深い魂なのです。**

付き合う期間が長くても短くても、結婚してもしなくても、そのことに変わりはありません。

お互いに傷つけ合うことがあっても、それはあくまでもプロセスです。傷ついたことによって、何か大きな気づきを得るチャンスになるかもしれません。ゲームは予想外の展開になるところが面白いのです。

魂《ソウル》メイトは、必ずしも出会った瞬間からお互いに、この人こそがずーっと求めてきた相手だと確信し、黙っていても全てが通じ合えて、心から安らぎを感じる。なんてことはありません。

私自身あまりに上手くいかなすぎて、亡くなった夫と一度は別れました。実際真のパートナーシップに取り組むような相手とは、「ラブラブ」なんて程遠いところからスタートする方が多いはずです。なぜなら、急速な気づきを与え合うために、困難を突き付けられるからです。

今すでにパートナーがいて喧嘩ばかりしているとか、「一番嫌なところを突っ込むからサイテー」なんて思っている人は、真の相手《パートナー》だと信頼してみてください。あなた自身の気持ちも変わるはずです。


真のパートナーシップのためには、まず、あなた自身が、何の打算もなく、純粋に好きであることが絶対条件です。

そして、相手もあなたに対して、常に正直な気持ちや意見を表現してくれる人である必要がありますから、あなたの痛いところを遠慮なく突いてくれて、苦しかったり、悲しかったり、頭にきたりさせてくれれば、迷う必要はありません。

「何それ?」と思われるかもしれませんね。でも、そういう相手でなければ、あなたを大きな可能性に向けて成長させることなどできません。


不思議なことに、最も嫌いなタイプを好きになることがあります。

「同種を引き寄せ合う」宇宙の法則によって、好きでも嫌いでも、同じような面を持っている人と、引き寄せ合います。

「好き」と思う場合は、相手に自分の理想を見ているのですが、実は自分では気づいていない自分自身の姿を投影しています。

でも、「嫌い」と思う相手には、自分自身で嫌悪感を持っていたり、恥ずかしいと感じていたり、あるいは、自分でも気づかないほど強いコンプレックスになっている自分の側面を、その人に投影してしまうために嫌悪するのです。

けれども、不思議なことに、嫌いと思う原因が自分の内面にあることに気づくと、相手への思いは一瞬で変わります。一気に「好き」へとシフトすることさえあります。

一言で言うと、心を豊かに育む真の相手となる魂《ソウル》メイトとは、あなたの心に嵐を起こす人、つまりあなたが平静を保つことを許さない人です。

6 異性に対する不信感や恐怖心がありませんか？

あなたがもし、異性に対して深い傷を持っているなら、無意識にパートナーにも同じように傷を持った人を選びます。

外見や、最初の印象では全くわからないものですが、不思議と的確にそういう相手を選ぶのは、宇宙の法則で逆らえません。

あなたの異性に対する傷が深ければ、相手に疑う必要のあるような行動や言動、事実がないのにもかかわらず、常に不信感を抱くことになります。

「もし、この人に裏切られたら……」という具合です。

そして、残念ながらその思いは、その通りの現実を創造します。

当然パートナーもあなたと同じような傷を持っています。傷ついた人は怖がりですから、自己防衛のために攻撃的になって、自分で裏切っておきながら、あなたに逆ギレしたりします。

あなた自身の傷が癒されない限り、別れてもまた同じことを繰り返すことになりますから、恋愛に突入する前に、自分自身の傷を癒すための取り組みが必要です。

その一つの方法として、あなたが女性だったら父親との関係を思い出してください。

お父さんはあなたがこの世に生まれて最初に出会った異性です。もし、前世であなたが恋愛に対する傷を負っていたとしたら、お父さんにネガティブなイメージを持ったり、関係が上手くいかず、傷つくことになります。

そしてあなたの恋愛にも困難がついて回ります。

お父さんにしてもらえなかったことをパートナーに押し付けたり、あるいは、お父さんが嫌いだったり、お母さんの不幸の原因がお父さんにあったりすると、あなたは、無意識のうちに異性に対して警戒心を持つようになってしまいます。

だからといって、お父さんを恨《うら》む必要はありません。

お父さんは、あなたがどんなに嫌っていたとしても、あなた自身が生まれてくる前に選んだ、魂やスピリットのレベルでの協力者です。あなたがお父さんに対して不満を感じることによって、物事を深く考え、あなた自身の深い心の傷に気づくことや、自立心を持って積極的に行動を起こすきっかけを与えてくれる役割を担《にな》ってくれています。

もし、あなたがお父さんとの関係がうまくいっていなかったら、まずはお父さんのスピリットに、あなたの気持ちを正直に伝えてみてください。

あなたとお父さん、双方のスピリットが、必ずあなたを癒すための気づきを与えてくれます。

あなたが男性なら、もちろんお母さんとの関係に置き換えて同様に取り組んでみてください。

あなたの異性に対する不信感や恐怖心などの原因が、かつての彼や彼女にあっても同様にやってみてください。

本人に会う必要はないので、この方法は簡単です。相手のスピリットに、心の中で、あなたが感じることや思っていることを正直に伝えます。

「本当に悲しくて傷ついた」、「許せないほど自尊心を傷つけられた」などいろいろあると思いますが、スピリットは、何を言われても真正面から受け取ってくれます。安心してぶちまけてください。

もし、「もう二度と思い出したくない」と思っているなら、思い直してください。そんな傷を抱えたままでいたら、いつまでたっても、「幸福」に向けて第一歩を踏み出すことはできません。勇気を出して実行してみてください。

多くの人が、人や出来事が心の傷の原因だと思っていますが、実はそうではありません。自分自身がまだ気づいていない、深い恐怖が原因です。

実は、このように深いところに潜んだ恐怖は、未だ得ることができない「偉大なる叡智」、グレートウィズダムが故に抱えています。

このような取り組みを通してその「偉大なる叡智」を得る道へとシフトできれば、人生に大きな変化が起きるのは必然です。

「あのときの傷ついた私が嘘のよう」と思える未来が必ず来るはずです。

そして、新たな気持ちで新しい恋愛に臨んでください。あなたが引き寄せる相手は、きっと今まで出会ったことのない誠実な人であるはずです。

すでにパートナーや妻や夫がいる場合は、必ず二人の関係が変わってくるはずですから、ぜひ試してみてください。

7 あなたが周りの人たちに大切にされるには？

あなたは「この世界での幸福」を体験するために生まれてきました。

しかし、そこにたどり着くまでの道のりは、決して平坦でも安全でもありません。

ですから、困難な状況に振り回されないためには、あなた自身のアイデンティティーが重要です。

特に激しく感情を揺さぶられる恋愛においては、自分自身の「神聖なエリア」を確保しておく必要があります。

たとえ夫婦であっても、自分の人生を相手に委《ゆだ》ねてしまうことはできません。

結婚した途端に、自分の人生を放棄してしまう女性が多くいますが、そんなことは、長くは続きません。思い通りにはならない夫に不満がつのり、八つ当たりを始めます。

人間は自己を犠牲にする必要もないし、自分自身の人生を放棄することもできないようになっています。

あなたは、この宇宙でたった一人しかいない大切なオリジナルですから、あなたにしか表現できないことがあります。

その表現を通してしか感じられない幸福の世界があるのです。

それを追求し続けることが、魂の願いであり、真の幸福へと続く道です。

妻や夫やパートナー、あるいは両親がどんなに尽くしてくれても、あなたを本当の意味で幸せにすることはできません。幸福感は、極めて個人的な感覚ですから、幸福になるか否かは、自分しだいです。

あなたが何をしているときに充実感を感じるのか、どこに行きたがっているのか、何を見たがっているのか、何を経験したがっているのか、常に自分の欲求を知ろうとしてください。純粋な欲求は、自分のアイデンティティーと関連しているはずです。

あなたのアイデンティティーが明確なら、恋愛の過程で苦しい状況に陥ったときでも、自分を見失って混乱したり、絶望したりすることはなく、誰にも侵害されることのない、あなただけの「神聖なエリア」を守ることができます。

そしてこれは「偉大な智恵」を得るためのビッグチャンスなのだ、というスピリチュアルな視点を、すぐに思い出すことができるはずです。

あなたがパートナーや、それ以外の人たちに大切にされるには、何よりも自分で自分を大切にする必要があります。そのためにも、あなたの「神聖なエリア」を持ちましょう。

8　あなたのオーラが「私は大切な人です」とサインを出すしくみ

あなたが何に興味を持っているか、何を経験したがっているのかは、その時々で変化します。そんな自分を移り気だなんて思わないでください。興味の対象がどんどん変わっても、ちっとも悪いことではありません。

宇宙は刻々と変化し続けているのですから、むしろ変化しないほうが不自然です。でも、ここで重要なことがあります。それは「今の自分にとって、何が大切なのか？何が幸せなのか？」と常に問い続けることです。

それからもう一つ、97％もあるスピリットの存在をぜひ忘れないでください。

スピリットは、エゴに何をさせたがっているのかを感じてみてください。

スピリットは自分自身の大多数を占めているわけですから、そこが満足しなければ、幸せなんかあり得ません。思考を止めてハートで感じ取ろうとすれば、必ずその意志が伝わるはずです。

スピリットはさまざまな方法で、あなたのその意志を伝えようとします。

たとえば、ふと目に付いた看板の言葉、本のタイトル、偶然に開いたページに書いてある言葉や、テレビの内容や、夢など、ありとあらゆる方法で、あなたに気づきを与えようと、メッセージを送っていることに気づくはずです。

このように自分自身のスピリットとのつながりを意識することは、もちろん自分を大切にすることになりますから、オーラは「私は大切な人です」とサインを出してくれます。

その結果、周囲の人たちからも大切にされるようになって、お互いの神聖さを尊重し合える関係ができるようになります。

9 人間関係が上手くいかなくなる本当の原因

案外自分のことはわかっていないと思うことは多いですよね。

一番大切なはずなのに、自分のことが見えなくなってしまうのはなぜなのでしょう？

私たちの社会には、暗黙の了解になっている共通の概念がたくさんあります。

努力しないといけない。楽をしてはいけない。失敗してはいけない。謙虚でなくてはならない……

挙げていったらきりがないほど、私たちは「ねばならぬ」「……であってはならない」という概念に縛られています。

このように、知らず知らずのうちに私たちを制限している概念が基本となっている社会意識は、私たちの自由な感性を奪い、自由な考え方の妨《さまた》げになりますから、自分自身が見えなくなってしまうのです。

その結果、私たちの本質である創造性まで妨げられてしまいます。

私たちは、社会意識に当てはめて、物事を判断する習慣がついているので、純粋な自分の欲求がわからなくなっています。

自分の能力や才能が生かされていないのに、我慢して働くのが当たり前だと思っていたり、本当は疲れているのに、人の分まで何かを請け負ってしまったり、自分自身の気持ちや、肉体に対して不誠実なことをたくさんしています。

つまり自分に嘘をついているわけですから、人に嘘をつかれたり、不誠実な態度をされたりしても仕方ありませんよね。

そこで、皆さんが「……ねばならぬ」と思って疑わないことが真実か試してみてください。「ねばならぬ」に極力逆らった行動をしてみるのも一つの方法です。

たとえば、もしあなたがいつも自分を犠牲にして、人に尽くしてしているのなら、自分を優先してみたり、いつも遠慮して、自分の意見を言わないなら、あなたの考えをはっきりと伝えてみるなど、試せそうなことはたくさんあると思います。

意外に周囲の人とのコミュニケーションがうまくいったり、却って感謝されたりすることも少なくありません。

自分自身のスピリットを信じて、自分に誠実な態度をとると、「思い込みは恐ろしいものだ」と気づくはずです。


もちろんこれは、周囲の人に迷惑を掛けてよいという意味でも、自分勝手に振る舞い、周囲を配慮しなくてもよいという意味でもありません。活き活きとした心があれば、自分を尊重しながらも、周囲の人達と上手く調和することができます。でも、社会でよいと思われている概念に縛られて、心が活かされていないと、返って人間関係が上手くいかなくあることに、多くの人が気づいていないようです。

自分自身を社会意識の鎖から解放し、本来の純粋な自分を取り戻そうとする姿勢は、パートナーと向かい合っていく上で、もっとも大切なことなのです。

第2章

「相手を引き寄せる」
「出会いを創り出す」

10 「今を共に経験する」という約束をした「運命の人」

「アー、やっぱりこの人は運命の人なんかじゃないんだ！」と思うときがありませんか？そんなはずはありません。

今地球に生きている人間の数は、２０１８年7月現在で約76億人と国連が発表しています。こんなに多くの人がいる中で、生涯を通して出会うことができるのは、ほんのわずかです。

そしてそのわずかな人は皆、あなたにとって特別な存在ですから、決して「運命の人」でない人を好きになったり、付き合ったりすることはありません。

付き合う期間の長さや結婚するかしないか、離婚などの現実的な結果は問題ではなく、

「今を共に経験する」という魂やスピリット同士の約束があったからこそ出会ったのだし、経験を共有しているのです。

あなたが出会う全ての人は「運命の人」であり、付き合う相手はたくさんの気づきをシェアし合う約束をした、特別の人であることは間違いありません。

11

魂《ソウル》メイトは完璧なタイミングで出会えます

「魂《ソウル》メイト」に関して、おそらくさまざまな人がさまざまな定義で語っていると思います。

私は通常この言葉は使いませんが、私が使うとしたら、その定義は、「スピリット同士が、今世でスピリチュアルなパートナーシップを結ぼうと約束した関係」を言います。

くどいようですが、本来恋愛は、非常に神聖な営みですから、劇的に自分に変化を起こす「真のパートナーシップ」としての恋愛は、並大抵のものではないと、予想できます。

だからこそ、スピリットが約束し合った相手でないと、始まらないし続かないのです。

その約束の関係を「魂《ソウル》メイト」と呼んでいいのではないでしょうか。

世界的ベストセラーになった『ダ・ヴィンチ・コード』で書かれたように、イエスもマグダラのマリアと呼ばれている女性と夫婦として、特別なパートナーシップに臨んでいました。

あなたがもし、「魂メイトがきっとどこかにいるはず」と思うなら、自分の思いを信じてください。

あなたに準備ができたとき、完璧なタイミングで相手と出会うことになるでしょう。

12 あなたが好きになる人は、あなたと同じ魂のエネルギー（情報）を持っています

「人が人を好きになるって不思議だなあ」と考えたことはないですか？

自分が好きになる人は、必ずしも好みのタイプとは限りません。むしろ、「全くタイプじゃないのに、なんで好きなんだろう？」、「自分でもこの人のどこがいいのかわからない」ということのほうが多かったりして、これが「好き」の不思議ですよね。

「好き」と思う瞬間は理屈ではありません。

では、その瞬間に自分に何が起こっているのでしょう。

「好き」はスピリットから、あなたへの強烈なメッセージです。

あなたが理想とするタイプの異性であるなしにかかわらず、**人を好きになるのは、自分**

の魂と共通するエネルギー（情報）を相手から受け取ることによって、その人に興味が湧くからです。時として出会いの瞬間に、全身に電気が走るように、強烈な刺激を受けることもあります。

そのような場合は、過去世であなたと同じ経験を共有していた、かつての同志、兄弟、親子、もちろん夫婦や恋人というような近しい関係だった可能性もあります。

もちろんこんな出会いをすれば、誰でもこの縁は、ただ事ではないと思いますよね。

先述した通り、これまでの人生で消化し切れていない課題は、必ず続きに挑戦する機会が与えられます。ですから、このような衝撃的な出会いをした相手とは、やり残した課題に取り組むために、スピリットが引き合わせています。

電撃的な出会いでなくても、まず相手に興味を持つところから始まります。

「この人はどんな人なのかな？　なぜか気になる、もっと知りたい！」と、どんどん相手を知りたい気持ちが高まったところで「もしかして、私、この人のことを好きなのかも……」となるわけです。

誰かを好きになるときは、自分自身で好きだと自覚する前に、まず相手に興味が湧いて、相手のことをもっとよく知りたいと思うでしょ？　興味がない人と恋に落ちるなんてことはあり得ません。

そして、その人は自分と共通する部分を持った鏡ですから、こうして相手を知ろうとすることによって、実は自分自身を知ろうとしています。

「その人を通して自分を知りなさい」。これが、あなたのスピリットからのメッセージです。その人を通してあなたが気づいていない、あなた自身の深い傷や、コンプレックスに気づくかもしれないし、反対に、とても素晴らしい才能や、潜在能力に気づけるかもしれません。**どんなときにも相手はあなたの鏡です。**

さあ、相手をじっくりと客観的な目で観察してみてください。あなたがまだ気づいていない自分自身の側面が見えてくるはずです。

そして、あなたが知ろうとすればするほど、相手は、あなたが混乱するほど、まるで早変わりのようにコロコロと態度や言うことを変えて、あなたの知らなかった、あなたのさまざまな姿を見せてくれるでしょう。

13 「出会いを創り出せる」「相手を引き寄せる」

恋愛したくても、出会いがないという悩みは深刻ですよね。異性との出会いがなくては、好きも嫌いも始まりません。

出会うということは、「相手を引き寄せる」または「出会いを創りだせる」ということです。

もちろん恋愛の相手は、自分に最もふさわしい相手が一人いれば十分ですから、数の問題ではありませんが、チャンスはたくさん欲しいですよね。

「出会いの多い人と少ない人の違いは何？」それを一言で言うと、実は**知ろうとする好奇心、探究心が旺盛かそうでないかという違いです。**

「好き」は「その人を通して自分を知りなさい」というスピリットからのメッセージだと言いましたが、知ろうとする意志がないと、スピリットはチャンスを与えてくれません。

与えられたとしても、自ら拒否してしまったり、気づかないことさえあります。

今まで「出会いのチャンスがない」と思っていた人は、自分の好奇心や探究心をチェックしてみてください。


でも、何にでも好奇心を持てるかどうかは、その人の性格の問題もあるので、努力によって簡単に変えられるものでもありません。

ここで必要なのは、あくまでも自分を知ろうという意志なのです。

「自分をもっとよく知りたい」と思えるかどうかは、心の健康のバロメーターみたいなものので、自分が傷ついているときには、傷を持つ心に素直に向き合うことは難しいでしょう。

傷が深ければ深いほど自己不信が強く、自分が大嫌いで、死んでしまいたいとさえ思うこともあります。

傷ついていればいるほど、人は無意識のうちに自分から目をそらし、自分に対する好奇心を失ってしまうので、そういうときには、あなたが出会うべきパートナーを引き寄せる引力も出てきません。

むしろ、傷ついているときほど本当はパートナーが必要なのですから、勇気を出して、傷ついた自分に向き合う決意をしてください。

常に自分を知ろうと意識するようになると、なんとなく行ってみたくなる所や、参加したくなる活動などが出てきます、そんなときには自分の気持ちに逆らわずに、ぜひ素直に行ってみてくださいね。出会いのチャンスにつながるかもしれません。

14 出会った人と深い信頼関係を作るには

出会ったまではよかったけど、その先がなかなか発展しないというのもよくある話です。

誰からも好かれて、楽しくお付き合いできるけど、深い信頼関係にはなかなか発展しないタイプの人がいますよね。社交的で誰からも好かれて、異性からもすごくモテるのに、実は恋愛は苦手。つまり長続きしないんです。


誰にでも好かれるのなら、皆に興味を持たれるはずですが、案外そうでもありません。決して全員ではありませんが、傾向としては、自分自身の意見はできるだけ主張せずに、周囲の人たちばかり尊重しているので、自分の神聖なエリアが守られていない人が多いのです。そのために、他者から深いところに関心を寄せられません。

一方、本当の意味で人に好かれる人は、嫌われやすい人でもあります。

つまり、誰からも好かれるわけではありません。

なぜかというと、このような人は、常に自分自身に誠実です。人に簡単に意見を合わせてしまったり、適当に人に合わせるような発言をしたりしません。つまり自分を大切にしています。

ですが、このような人は、社会意識が強い人たちからは、いつも自分勝手な意見ばかり言うと思われて嫌われやすい面もあります。


それでも、こういう人は、いつも純粋に自分の気持ちに応えようとしています。

ただし、状況を考えず、全く他の人を尊重しないような人は論外です。

このような人は自分を大切にしているとは言えません。

このあたりの加減は難しいところですが、常に自分だけのことを考えるのではなく、自分も含めた全体のことを考えて、しっかりと自分の意見を持てる人が、出会った人と深い信頼関係をつくることができます。

そして、そういう人は自分のことが大好きですから、オーラも同じように「この人は愛されるべき存在だ」とピッカピカにサインを出しています。

あなたは今まで、人から好かれるために別の自分を演じてきたかもしれませんね。

でも、あなたが求める「真のパートナーシップ」では、別の自分を演じる必要はありません。

あなた自身が自分に誠実に向き合って、自分を大好きになればなるほど、そんなあなたを、本当の意味で大切にしてくれる人との出会いが起きるのです。

15 いつも望まないタイプの人を引き寄せるのは、恋愛に対するトラウマがかなり深い

「もうこんな人は嫌」と思って別れたはずなのに、新しいパートナーも付き合ってみると、全く同じタイプだったということがよくあります。

いつも不倫や三角関係とか、いつも暴力をふるわれるとか、相手のペースに振り回される。もしくは、完全に依存されるなど、こういう相手はご免だと思う人と同じようなタイプばかりを引き寄せるのはどうしてなのでしょうか？

理由は簡単！　あなたが変わろうとしなければ、あなたのオーラも変わりませんから、そのサインを見て引き寄せられる人は、見かけは違っていても中身は同じです。何人相手を替えても同じです。

気に入らない相手の行動や言動は、必ずあなたが自分自身にしている態度であり、どん

なに認めたくなくても、相手の性質と同じものをあなたの内側に持っているのです。

だからこそ、その人は、あなたに必ず気づきを与えてくれるありがたい相手です。


気に入らないからといって、別れることはいつでもできます。でも、「幸福」というゴールを目指すなら、どんなに気に入らなくても、感情的になったとしても、相手は自分自身の鏡であることを忘れずに、じっくりと自分自身を振り返ってみてください。

たとえば、あなたのパートナーがあなたを尊重してくれないと思っているのなら、あなた自身も本当の自分を無視しているのです。

本当は今の自分には休息が必要だと知っているのに、無理をして誰かに付き合ったり、いつも自分に我慢させていないでしょうか？

あなたが自分を尊重していなければ、パートナーもそれ以外の人たちも、あなたを尊重するはずがないのです。

あなたのパートナーが時間にルーズで、いつも待たされてアッタマにきちゃうとしたら、あなた自身も本当は自由でありたいのに、きちきちと時間を守らせたり、ルールに従わせたりして、うんざりしているかもしれません。

宇宙エネルギーの法則では、何かを否定したり、抑圧したり、排除しようとすればするほど、そのエネルギーは増幅します。あなたは、そんな自分を否定する必要はありません。むしろ自由な自分を許して、表現しようと決意するだけで、エネルギーは変化を起こしてくれますから、いつの間にか相手にカリカリしなくなって、パートナーの行動がすっかり変わってしまったりするのです。

「人の振り見て我が振り直せ」の通り、**どんな関係でも、あなたが出会う全ての人は、あなたを映し出す鏡であることをいつも忘れないでください。**

それが、あなたを幸せに導く「鍵」です。

「こんな人と私が一緒なんて信じられない」と思う気持ちもごもっともですが、本当に、あなたが自分にしている態度や扱いが、そのままパートナーの行動や言動を創造しています。

あなたが自分を心から愛して、誠実に向き合ってあげることが、パートナーにも奇跡のような幸福をもたらし、お互いに大きな変化を経験する最短距離です。

いつも不倫や三角関係になってしまうのは、恋愛に対するトラウマが深いからです。

あなたはその分プライドが高くなっていますから、失うことに対する恐怖は相当なものでしょう。だからこそ、はじめから手に入らないものを求めるのです。

それだけ自分自身でも気づかない深い意識の中に、失うことへの恐怖が潜んでいます。失う恐怖から逃れるためです。

そんなあなたにとって、相手を手中に収めてしまうことは、「いつか失うかもしれない恐怖の始まり」です。

それはすなわち、いつかプライドを滅多切りされるかもしれない恐怖であり、喪失感に押しつぶされて、二度と立ち上がれないかもしれないというあなたが何より恐れていることです。

「手の中のものが去っていくのは、自分のせいだ」というあなたの概念が、あなたを健全な恋愛から遠ざけているのです。

あなたのトラウマの原因は、過去もしくは過去世で起きた大失恋かもしれないし、あるいは両親をはじめ、最も信頼していた誰かを失ったことにあるかもしれません。

でも、原因探しをしてもキリがありませんし時間の無駄です。

それより、新しい自分に生まれ変わることに意識を集中させましょう。

前述したように「人生はゲーム」です。困難がないゲームなんて何も面白くないですよね。乗り越える楽しみを味わいましょう。


人の成長を妨げるのも、促すのも感情です。

ということは、私たちは感情の使い方を習得する必要があります。

トラウマという精神的な傷は、感情の泥沼の中で癒すことはできません。

しかし、感情の嵐が去った後には必ず静けさが訪れます。

その静かなマインドに身をゆだねてみてください。

そして、あなたが今、心から求めているものは何かを、もう一度確認してください。

もし「そんなこと想像したってどうせ叶いっこないし、余計にプライドが傷つくわ」という恐れが出てきたら、**「もし私が、全てを叶えることができる魔法使いだったら」**という前提で考えてみてください。なぜなら、どうやって獲得するか、具体的なことは考える必要がないからです。

これは、あなたの健全なハートを取り戻すために有効なスキルです。静かな心の状態を確保することが出来たときには、何度でもやって、理想像を完成させましょう。

「失うかもしれない」という恐怖があなたの恋愛の基本ベースになっている限り、たとえ三角関係の中で見事あなたが勝利者となってパートナーをゲットしたとしても、結局は失う現実を創造します。

結婚を解消してまで別のパートナーを選んだのに、すぐに別れてしまうケースや、現実的には別れないまでも、実質上は関係が破綻《はたん》してしまうことが多いのもそのためです。

奪い取る気なのなら、「失わない」を前提にしてみてください。

そうすれば、一生を共に歩むパートナーとなるかもしれないし、もし、あなたのスピリットが、あなたには別の相手が存在することを知っていれば、その人とは別の相手が現れるかもしれません。

恋愛はゲームではありませんから、競争相手と張り合っても何も得ることはありません。

純粋なあなたの気持ちに従いましょう。

「ゲーム」についてもう少し説明すると、人生のゲームにおいては、物事を深刻に捉えずに、たくさんの事にチャレンジし、自分の力を発揮すること、また、そのプロセスにおいて、失敗も含めて多くの経験を通して「偉大なる智恵」を獲得することを「ゲーム」と捉えると、楽しくなります。

先述したように、人生のゲームには駆け引きや勝ち負けや善悪、正否などはありません。その意味では、いわゆる遊びのゲームとは違います。

ですから、最も神聖な行為である恋愛も、遊びのゲームであるはずはありません。

16
スピリットが出会いの奇跡を起こすことも……

あなたが「私」と認識しているのは、あくまでもたった3％のエゴ意識ですから、自分にとって最も大切なパートナーに気づかないことも十分にあり得ます。

同じ人と偶然に何度も出会ったり、好きでもないはずなのに、なぜか気になって頭から離れなかったりする場合は特に要注意です。

その人こそが、あなたが待ち望んでいたパートナーかもしれません。

だからといって、「この人もあの人も皆そうかも」と皆に愛想良くしていたらきりがありません。

もしあなたの魂《ソウル》メイトであれば、どんなに愛想のない態度をしても、あなたとの縁が切れたりはしませんからご安心ください。

時として、私たちのスピリットは強引とも思えるやり方で、私たちをあるべき道にシフトさせることがあります。

たとえば、会ったばかりの相手と何時間も二人で過ごす状況をつくったり、どう考えてもあり得ないような言葉が口をついて出て、自分の意志ではなく勝手にスピリットが相手に告白してしまったり、本当に驚かされますが、どれもこれもスピリットからのギフトです。

このように強引な展開には、ぜひとも抵抗しないことをお勧めします。もちろんそんなことが起きた相手が必ずしも結婚の相手や、恋愛の相手ではないかもしれません。それでも、必ずお互いに大きな気づきを与え合う関係であるはずです。

自分自身で、お互いのスピリットが約束し合った相手を探すのは、金《かね》のわらじを何足はいてもムリでしょう。

でも、その相手が、誰で、今どこにいて、出会うべきタイミングが何時なのか、スピリットは知っています。自分自身のスピリットを信頼して、自分が最善のかたちでパートナーシップに臨めるように準備をしましょう。

17 相手があなたから遠ざかろうとするときマイナスエネルギーを出していませんか？

相手が自分から離れていこうとしているのは敏感に感じ取ることができます。

こういうときってすごく辛《つら》いです。振り向いてくれない事実もさることながら、自分自身の執拗《しつよう》なまでの執着心ってやつですね。

コレが本当に辛い！　そして自分が惨《みじ》めになります。

でも、どうしてそんなに好きなんでしょうか？

その好きな相手にどうしてほしいんでしょうか？

改めて考えてみたことがありますか？

しばし、苦しい感情のうねりから離れて、冷静に考えてみましょう。

あなたがその人に向けているエネルギーをできるだけ客観的に、つまりスピリチュアルな視点で見てみてください。

といっても、エネルギーが肉眼で見えるわけではないので、あなたが相手をどうしたがっているのかを考えてみましょう。

「私を見て！」「私を好きになって！」「私のそばから離れないで！」という片思いのエネルギーは強烈ですから、あなたの発信するそのパワフルなエネルギーは、相手のオーラにまるで猛禽類《もうきんるい》のように鋭い爪を突きつけながら飛びこんで行きます。

そして、ロープ状のエネルギーを、電気コードのように差し込んで、相手をコントロールしようとしてしまいます。

コードを差し込まれた側は、いつも眠くて十分に寝ても疲れが取れないし、体が重い感じがします。集中力もなくなり、「ついてないな」と思うような出来事が起こることもあります。

あなたのことは、気にはしてくれるようになるかもしれませんが、「なぜかこの人といると自分が自分でないような気がする」「自分が巻き込まれていくようで、一緒にいてはいけない気がする」などと思わせてしまいます。

あなたの強烈な思いはエネルギーのお団子みたいになって、大好きな人のオーラに入り込みます。「どうして私の気持ちをわかってくれないの」「こんなに大好きなのに」と相手を思う度に、1個また1個とエネルギーの団子を投げ込みます。

そして、他人のエネルギーは、その人自身の健全なエネルギー循環を妨げますから、あなた自身にそのつもりがなくても、結果的に自分の大好きな人を苦しめることになるのです。

「好き」を相手に押し付けようとすることは、大いに逆効果だと覚えておきましょう。

これが、相手に重苦しい感覚を与えて、あなたから遠ざかろうとさせてしまう原因になるからです。

18 ベストパートナーと出会うためにハートをオープンにする

何といってもパートナーシップの最大の難しさは、相手が必要であるということでしょう。あなたと向かい合うに相応しい相手と出会えたら、少なくとも、既に半分は成功したと言えるくらいです。

そこで、どうすればあなたと真正面から向き合ってくれる真のパートナーが得られるのかをお話ししていきましょう。

まず、今までのおさらいをしてみます。

1 「私なんか……」というオーラになっていないか確認です。オーラしだいであなたがどんな相手を引き寄せるかが決まるのですから、自分自身を信頼して大切にするようにしましょう。

2　真のパートナーシップは「誠実」さが重要ですから、まずはあなたがあなた自身に誠実であることです。自分自身の気持ちに素直になれるように心がけてください。嘘つきは不幸の始まりですよ。

3　はっきりした意志を持つことです。自分に相応しい人と向き合って、自分自身の可能性を開く意志を明確にしてください。その意志が宇宙全体に伝播してゆくイメージをしてみるのもよいでしょう。

あなたの集中した意識は、確実にオーラの中のエネルギーを動かします。そして、信じられないかもしれませんが、あなたのオーラで起きた変化は、はるか宇宙のかなたまで、ほとんど同時に変化させます。

さあ、そこまでできたら、今度はあなたの発信したエネルギーの波が返してくるパートナーを受け入れるために、あなたのハートをオープンにする必要があります。

ここでいうハートは、心だけではありません。あなたの胸骨（胸の少し高い位置にある堅い骨）のちょっと下のあたりからおよそ15〜20センチくらい離れたオーラ上に、ハートシステムという非常に重要で精密なシステムがあります。ここは、高次元での愛をいかに上手く現実世界で表現するか、ということに関わる大切な部分です。

ここがオープンになると、まるでいい香りのする満開の花にミツバチや蝶が寄ってくるように、豊かな経験をあなたと共有したいと願う人がどんどん集まってきます。

もちろんここでの「愛」は広い意味を持ちますから、恋愛の対象となる相手ばかりでなく、さまざまな人が引き寄せられてきますが、ハートシステムのつながりで出会う人たちは、必ず豊かな気づきをもたらしてくれるので、どんな人であろうと今までにない深い信頼関係を築けるステキな仲間になるはずです。

真のパートナーシップを結んでいるカップルは、ハートチャクラ同士が美しいピンク色の太いパイプのようなエネルギーでつながっているのが見えます。彼らは、お互いに自分のハートシステムをオープンにして、全ての経験をシェアしようとしています。

では、このハートシステムをどうやって開けるのでしょう?

少々時間がかかりますので、ゆったりとした気分でいられるときにやってみてください。

週に2~3回やっていただくと効果は高いですよ。ではやり方です。

1　背もたれがついた椅子に背中を預けて座り、両足をしっかりと床につけてリラックスしてください。

2　鼻からなるべくゆっくりと深く息を吸い込み、口から同じようにゆっくりとなるべく深く息を吐き出すようにして、深呼吸を3回します。

3　次に同じように深呼吸を続けますが、息を吸い込むときに、透明のキラキラと輝く光があなたのオーラを満たしていくイメージをします。

そして吐くときには自分の肉体やオーラに溜まっていた古いエネルギーが外へ流れて出ていくのをイメージしてください。

吐き出されたエネルギーは、あなたの前方にある優しいピンク色の光を放つ球体に吸収されて行きます。

球体を通り抜けて浄化されたあなたのエネルギーは、透明の光となって、あなたの頭上から、再びオーラに返ってくるのをイメージしてみてください。

4　あなたのハートシステム（胸骨の少し下のあたりから20センチくらい離れたところ）に、きらきらと光る光の球をイメージしてください。

その球がクルクル回転しているのを感じて、「私はスピリットが約束したパートナーを受け入れます」と心の中で宣言すると、その球が割れて、中から美しいピンク色の光が、あなたのまだ出会っていないパートナーのハートに向かって、矢のように伸びてゆきます。これで完了です。

あとはもう、このことにとらわれずに過ごすことをお勧めします。なぜなら、このことにとらわれてしまうと、知らないうちに、あなたのエネルギーの団子が相手のオーラに投げ込まれてしまい、出会いを妨げることになるからです。

第3章

駆け引きは不幸の始まり

19

「駆け引き」は不幸の始まり

恋愛感情も愛情も、自分の満たされない思いを満たそうとする感情で、そもそも強烈にエゴイスティックなものです。

ことに「恋愛」においては、多くの人が自分の本心を、自分自身にも相手にも悟《さと》られまいと必死に隠そうとします。なぜなら無意識のうちに、「駆け引き」しているからです。

これが恋愛を厄介で、不幸な結果にしてしまう最大の原因です。

それなのに、不思議なくらい、手痛い失敗から学ぶことなく、相変わらず「恋愛」にかぎっては「駆け引きしなくてはいけない」と、何の疑いもなく信じています。

特に女性は、「賢い恋愛術」とは、男性を如何《いか》に上手くコントロールするかという点に簡潔されると、大きな勘違いをしている人が大多数です。

恋愛に限らず、親子関係でも、職場の人間関係でも、これだけ多くの人が、他者をコントロールすることそのものが、傲慢《ごうまん》で、心ない行為だということに気づくことができないのは、社会が荒廃している証《あかし》ではないでしょうか。

特に恋愛においては、最も大切な相手《パートナー》を手練手管《てれんてくだ》で自分の思い通りにコントロールするとすれば、そこには嘘の関係しかできないことは、容易に想像がつくはずです。

恋愛は損得勝負ではありません。

相手が電話してくるまでは絶対に自分からは掛けないとか、どんなに好きでも、相手の気持ちを確認するまでは告白しないとか。つまらない駆け引きをしても誰も得しません。あなたが相手から理解されなくなるだけです。

そして、初めは素直な気持ちで向き合ってくれていた相手も、りっぱな駆け引き相手となって、本心を明かさなくなってしまいます。

声を聞きたい、話をしたいとあなたが願っているのなら、あなたから電話して素直にその気持ちを伝えればよいのです。

特に女性に対しては「相手の気を引くためには、○○すべき」「相手に優しくしてもらうための○カ条」というような、刷り込みがたくさんあるかもしれません。あなたが今まで信仰してきた恋愛バイブルが真実かどうか、確認してみる必要があるでしょう。

大好きな人に喜んでもらいたい、何か役に立ちたい、という気持ちは誰もが持つ純粋な気持ちです。そして、甲斐甲斐しく世話をすることが愛情表現だと思っている人も多いのですが、これを「相手のため」などと勘違いすると、また厄介なことになります。

このような愛情表現は、あくまでも「自分自身の満足のため」にあるのです。

相手を喜ばせたいという気持ちは、もちろん純粋な思いかもしれませんが、実のところ、何が本当に相手の喜びにつながるかは、そんなに簡単にわかることではありません。

大切なのは、どんなときにも見返りを期待しないことです。

自分がしたくてしていることなのですから、それで自分の心は満たされているはずです。

相手の反応が予想通りでなくても、あなたが怒る必要はありません。

相手には相手の思いも事情もあるはずですから、お互いをよく知り合う上でも、相手の素直な表現を尊重しましょう。

偽善者になると、相手の態度が気になり、「私はこんなにしてあげているのに……」というストレスにつながります。ここは大きなポイントです。これが相手との駆け引きにつながるわけですから。

こんなときには、「私の勝手な思いからしてあげたいだけなのだ」と割り切れば、相手の態度を気にしなくなり、軽やかな気持ちでいることができます。

そして、相手の反応を期待しなくて済みますから、全てが自然な流れに乗っていきます。

20 普段から自分を自由に表現することを心がけてください

どんなに情熱的に恋愛が始まっても、その思いが長続きしないのは、おたがいに自分自身に誠実ではない態度をして駆け引きしてしまうからです。

お互いを思う素晴らしい愛情を永久に続けるためには、常に自分の気持ちに素直であること、そして何より無理しないことです。たとえ相手が不誠実であったとしても、まずはあなた自身が勇気を出して、嘘のない素直な自分でいましょう。

初めから、あなたが自分自身で欠点だと思っているところをシェアしてしまうと、かなり気が楽になります。

ありのままの自分を相手に見せてしまうのは、確かに勇気が必要ですが、決して嫌な印象は与えないはずです。

もちろん全てを言葉で伝える必要なんかありません。あなたらしい飾らない態度でいることが一番です。

ただし、欠点だらけの自分に、あぐらをかいて良いわけではありません。パートナーシップを通して自分自身を成長させ、調和のとれた人格を作って行くことは、真のパートナーシップの目的でもありますから。

しかし、屈託のない自然な態度は、周囲の人の心を開いてくれます。なぜなら猜疑心《さいぎしん》などを抱く必要がないからです。残念ながら今の社会には殺伐《さつばつ》とした人間関係しか存在しないので、皆人間関係に疲弊しています。

真のパートナーシップでは、お互いの心を潤《うるお》す関係を作る必要があります。

「優しくすると相手がつけ上がる」という言葉をよく女性の会話の中で耳にします。このような愛の出し惜しみは自分自身を枯らせてしまうことに気づいてください。

地球は、「マザーアース」と言われる通り、女性性の惑星です。だから、ここに生きる女性たちは、無意識のうちに、抵抗なくマザーアースの恩恵をたくさん受け取ることができるので、男性と比較して、生命力が強く、そのエネルギーを自由に表現すれば、簡単に豊かな人生を創造できます。

つまりこの惑星の女子は、本来大変豊かな愛のエネルギーで満ちているのです。そのエネルギーを出し惜しみして抑圧してしまうと、せっかくの愛の泉は枯れてしまいます。

あなたが女性なら、常に惜しみなく愛を表現し続けることで、より豊かな人間関係を築くことができ、より豊かな人生を創造することになります。

男性でも、女性でも、自分の意志を貫くということで自分勝手だと思われるのではないかと考えがちです。そして、変に相手に気を遣ってしまうことが、却ってお互いの理解を難しくしてしまいます。自分の思いや考えをしっかり持って、いつでも素直に相手に伝えることは、確かに勇気が必要なときもあるでしょう。

でも、自分の気持ちを素直に表現できたら、不思議と相手の自由な意志や考え、思いを受け入れられるようになります。

こんな関係を少しずつ育てていくと、今まであなたが信じ込んできた常識や良識、善悪の概念はどんどん変わっていきます。

いつでも自分を自由に開放できていることこそが、豊かな関係を作る基礎です。

パートナーシップは互いを鏡として、まだ気づいていない自分の可能性に気づく行為です。それなのに、あなたが自分を偽っていたら、パートナーはあなたを通して自分を知ることはできませんから、「あれ、相手を間違ったかな?」と、逃げていってしまいます。

もちろん初めから全て開けっ広げの関係にするのは、なかなか難しいかもしれません。でも、このことを知って「恋愛」に取り組むのとそうでないのとでは、結果に大きな違いが生じます。

恋愛以外の人間関係でも、誰にでもちょっとした嘘をつかなくてはならない状況はあるものですが、いきなり恋愛で実践するよりも、普段から自分を自由に表現することを心がけて、たくさん練習してください。

21

お互いのオーラに刻み合ってしまった深い傷

失恋は何度経験しても慣れるものではないし、別れが来ると毎回傷つきます。

ただ好き合った二人が一緒に幸せになりたいと思っているだけなのに……こんなにシンプルな関係が、なぜ傷つけ合うようなことになるのでしょうか？

全ての人が崇高な意識を持っているということはお話ししてきましたが、この意識は非常に自由で創造的な意識なのです。

また、私たちは自分自身の崇高《すうこう》な意識が持つ、霊的な意味での「尊厳」を守る必要があります。

ところが、ほとんどの恋愛は、前述したように、自分の本心を隠して駆け引きをしたり、パートナーの意見や好みに合わせたり、自分の思い通りに相手をコントロールしたりすることによって、本来守らなければならない霊的な尊厳を犠牲にした上に成り立つ、不実な関係となっています。

スピリットにとっては実に屈辱的です。

お互いにこんな犠牲を払うことになってしまうのは、無意識のうちに自分の所有欲を満たそうとする結果です。

つまり、彼、もしくは彼女を「失いたくない＝所有し続けたい」一心で、相手に尽くすわけですが、そもそも「所有」という概念がなければ、失うという発想は出てきません。

さて、このような所有の関係にあるとき、あなたのオーラの中に相手のエネルギーがべったりと鳥もちのように張り付いてあなたの自由を奪い、あなたのエネルギーはパートナーのオーラの中に投下され、パートナーの自由を奪います。

これは恋愛関係ばかりでなく、恋愛感情が冷めてしまった夫婦であっても、親子や仲の良い友人関係でも起きることです。

先日、オーストリアの科学者から、大変興味深い話を聞きました。その科学者は心臓の音を聞くことによって、心臓疾患はもちろんですが、それ以外のあらゆる病気や、精神的な疾患など、幅広く効果があることに気づいて、心臓の音を音楽に変換する特別な仕組みを開発しました。

彼のテクノロジーは、ブラジルの癌センターで活用されていて、大きな効果を出しています。殊に小児癌の患者さんのお母さんに対してこの療法を活用することで、直接受けていないはずの癌を患う子供の方に、非常に大きな効果が表われるそうです。

この例をみても、強い絆でつながった関係性において、相手に対する心配のエネルギーなどが、ダイレクトにその人に影響を与えることがわかります。

オーラはあなたのあらゆる活動を促すエネルギーのシステムを持っています。ここが健全な働きをしなくなると、お互いの関係性だけではなく全てに支障をきたします。

先に挙げた例のように、病気を克服する妨げになってしまったりすることもありますが、自分自身も健康を害してしまったり、また、感情をコントロールすることができなくなって、八つ当たりしてしまったり、思考能力や集中力が低下して、仕事や日常生活に支障をきたしたり、エネルギー不足のために疲れやすく、やる気を失い、トラブルが続出してしまったりします。こうなってくると「恋愛」どころではなくなってしまいますね。

そして、お互いをうっとうしく感じ始めます。このような状態が続けば、やがてお互いに心の大きな傷となってしまいます。

でも早い段階で、スピリチュアルな視点で物事を捉えることを知り、相手を自分の鏡として見ることができるようになれば、相手を自分の思い通りにコントロールしようとすることなどなくなりますから、傷が深くなることはなく、もちろん関係性は劇的に改善できます。

お互いのオーラに刻み合ってしまった深い傷は、そう簡単には癒されません。だからそうなる前に、両者のスピリットは、別れるためのシチュエーションを創造します。

ところが、いくらお互いを疎《うと》ましいと思っていたとしても、別れるときには、自分のオーラが引きちぎられるような状態になります。

あなたとパートナーの間に恋愛関係が成立している間は、お互いのハートシステムは美しいピンク色のエネルギーでつながっていて、ここを通して豊かな愛のエネルギーを交換していますが、スピリットがこれを引き離すとしばらくは、お互いのオーラは堅く閉ざしてしまい、相手の中にある自分自身のエネルギーを取り戻すこともできなくなってしまいます。

このために別れた直後は自分の手足をもがれるような痛みとなって苦しむのです。

このような状態から一刻も早く立ち直るために、よい方法があります。

あなたは軽く目を閉じて、別れた夫または妻、あるいはパートナーに対して、今までの経験を分かち合ってくれたことに感謝してください。

その際、形だけの感謝では通用しません。感謝とは、本来心から喜ぶことです。

それから、相手のオーラに残っている全ての自分のエネルギーと自分のオーラに残っている相手のエネルギーに、それぞれのオーラに帰るように指示してください。

エネルギーが優しいピンク色の太陽のように輝く球体を通過して浄化され、きらきらと輝く白いエネルギーになって帰ってくるイメージをしてみるとよいでしょう。

22 「相手を所有する」という概念を手放す

望んで相手を傷つけるわけではありませんが、エゴは間違った概念をたくさん持っているので、大切にするつもりが逆に相手を傷つける結果になったりします。

こんな不本意なことをなくすためには、間違った概念を変える必要があります。

折しも時代は魚座から水瓶座時代へと移行しました。

このタイミングでは、恋愛に限らず、新しいアイディアや価値観が次々現われます。

実際「働き方改革」や「ミニマリスト」や「ティール組織」など、今までにはない斬新な価値観や考え方が次々登場しています。自分がこれらに同意できるかどうかは別としても、社会が大きく変化していることを実感できてワクワクしますね。

このような流れの中で、恋愛観も大きく変わるのは必然です。入籍しないカップルが増え、妊活に励《はげ》むカップルと対極に、子供を作らない夫婦が増え、高齢化に伴って、50代や60代以上の高齢者の結婚や恋愛も増えてきています。

「ミニマリスト」という言葉を挙げましたが、これは最低限の物しか所有しないシンプルライフに価値を見出した人たちを表わす言葉です。

確かに私たちは、お金、不動産、自動車、貴金属、衣服やバッグや靴から、高学歴、社会的地位、特権、等々、より多くを所有するために、それ以上に大切なことを犠牲にしてきました。これに対して、ミニマリストと言われている人たちは、自分自身や自分の人生にとって何が大切なのか、プライオリティーを明確にして、そこに集中することができるように、生活を簡素化するという考えです。

実際ミニマリストを目指すかどうかは別として、何が自分にとって優先すべき大切なことなのかを明確にすることは、誰にとっても有意義ですね。

自分にとって大切なこと、つまり価値観が明確になれば、人間関係にも大きな影響を与えます。ミニマリストたちは、結果として人間関係においても整理されていき、本当に大切な人だけが残っていくそうです。

それぞれが自分独自の価値観を明確にできると、常に自分に誠実であろうとすることが無理なくできるようになります。そして、水瓶座時代に相応しい、それぞれの価値観を尊重し合いながら、公平に分かち合う関係性を作ることになっていくでしょう。

このような関係こそ、真のパートナーシップには必要不可欠です。

ポリネシアの文化には、レムリア文明の名残《なごり》が見られますが、特にタヒチには最近まで色濃く残っていました。彼らは「所有」という概念を持たないので、全ての物は皆の物です。だから家に鍵はありません。盗みもありません。だれかの妻や夫、誰かの子という概念もなく、婚姻制度や家族制度もありませんでした。

そんなタヒチの人たちの恋愛観は、かなりユニークで開放的です。不倫などということはないので、複数の人と付き合うのも当然のこととして受け入れています。

ですから、束縛することも、依存することもありません。相手に執着することがないので、自分の思い通りにコントロールする必要もありません。

誰といても自分らしくいることができ、傷つけ合うような関係になりにくいのは確かです。

しかし、通常は恋愛関係になった相手や結婚した相手を、僕の妻、私の夫という具合に、無意識のうちに所有しています。そして相手を尊重するために、自分の価値観を歪め、自分らしさを押し殺してしまいます。

でも、相手は自分の鏡で、自分も相手の鏡なので、**自分を歪めてしまえば、必然的に相手にもその人らしさを歪めさせてしまうことになります。**

ですから、逆説的に聞こえますが、真の意味で相手を大切にするためには、相手を所有せず、実は、自分独自の価値観や自分らしさを大切にする、自立の精神が必要なのです。

23 「たとえあなたが裏切っても、私は裏切らない」という誠実さ

多くの人は、無意識に「よい人」でいようとしています。

「よい人」でいた方が生きやすいという間違った概念があるからです。

でも、恋愛において「よい人」を貫くのは容易なことではありません。

普段の冷静なあなたは少々損することよりも「よい人」でいる方が賢明であると思っていますが、こと恋愛となるとそんなことは言っていられません。

なぜなら傷つくことを恐れているからです。

相手が何もしてくれないのに自分ばかりが尽くすなんて「やってらんない」「だって、惨めだし悔しいもん」という言葉をよく耳にします。


誰しも一度や二度は異性との関係で傷ついた経験もあるでしょう。だから多くの人は、

相手を思う純粋な気持ちと自尊心の間で葛藤します。

あなたがパートナーと駆け引きしてしまうのは、あなたの傷ついた心の前に作られた、自尊心という防御壁を必死で守ろうとするためですよね。

でも、このような態度が、実りのない関係を作ってしまいます。


繰り返し言いますが、相手はあなたの鏡なのです。特に真のパートナーシップでは、女性が先に大きく自分のハートを広げる必要があります。

たとえ相手がどう思っていても、もし女性が男性を好きなら、嘘偽りなくその思いを表現します。そうすれば、相手も偽りのない態度を示してくれます。

恋愛で傷ついた原因が、相手の正直な態度や発言だとすれば、すぐに立ち直ることが出来ます。しかし、不誠実な態度や発言は、裏切られたという怒りや、許せない思いや、悲しみを、何時までも忘れることができなくなります。


真のパートナーシップを始めるに当たっては、女性は大きな覚悟が必要です。

なぜなら先述の通り、マザーアースの上で生きる全てのメス、女性は、良くも悪くも、オス、男性よりも強いからです。女性の方が、平均寿命が長く、出生時の死亡率も低いのは、その証です。

「たとえあなたが裏切ったとしても、私は決して裏切ったりしない」という高潔な態度が、相手の心を大きく開きます。

何度も申し上げてきたように、本来恋愛は最も神聖な行為です。自分の寂しさを埋め合わせるため、相手に依存するため、もしくは両親や友人に対して体裁を繕《つくろ》うため、などの動機では成立しません。

このような動機で始まった恋愛は、多くの場合恋愛依存症に陥らせてしまいます。

何となく彼女や彼がいることで安心してしまうといった状態になり、お互いの成長を促す関係や、発展的なチャンスを引き寄せ合うような関係は作れません。

でも、恋愛は本来爆発的な創造のパワーを生み出してくれる神聖な行為ですから、モチベーションはもちろん大切ですし、相手が誰でもよいわけはないのです。

自分が相手を好きだと思う気持ちが、本当に純粋なのか、何度も確認してみる必要があります。常に恋愛をしていないと落ち着かないタイプの人は、特に注意してください。

すでに恋愛依存症に陥っている可能性大ですから。

もし本当に純粋な思いで、相手と向き合いたいと思える愛を自分自身に感じられたら、「たとえあなたが裏切ったとしても、私は絶対に裏切らない」と言えるくらい潔《いさぎよ》く、自分の思いを受け止めましょう。

24 あなたが嫌悪し「許せない」と感じる人こそ、あなたの内側を映し出す鏡です

真のパートナーシップにおいては、常にあなたが取り組むべきテーマが浮上します。

たとえば、**相手の言葉に対して激しく感情が反応するときは、その裏側に秘められたもう一つの傷ついた感情があるはずです。**その傷ついた感情に抑圧されて、あなたはずっと不自由だったことに気づいていないかもしれません。

この激しい感情は、あなたがそのことに気づいて、再び自由を取り戻すための強烈なメッセージです。

お互いに感情を爆発させるような、地雷を踏んでしまうのは、実はパートナーと自分の間で起きる「テーマの投げ合い」です。

たとえば、あなたがいつでも自分の意志や欲求に素直に応えようとすると、自分勝手と

言われたりするのではないかという恐怖が生まれたり、あなた自身の中にある身勝手と感じているような面を他人に見ると、急にその人を「許せない」と思う気持ちが湧いてきたり嫌悪感を持ったりして、自分自身を抑圧している分その人に激しい憤《いきどお》りを感じます。

だから余計に、自分も他人から同じように思われないようにと、自分自身を厳しく取り締まっていきます。

でも、本当は**あなたが嫌悪し「許せない」と感じる人こそ、あなたのスピリットが引き寄せた、あなたの内側を映し出す鏡です。**

本来あなたの人生に登場する全ての人は、どんなちょい役でもあなたのスピリットが引き寄せた、あなたに気づきを与えてくれる、大切な役割を持った人であるはずなのに、あなたはすぐにそっぽを向こうとしてしまいます。

でもパートナーに対して激しい感情が湧いたときは、決して無視できないはずです。

パートナーとの関係が壊《こわ》れることを恐れて、自分の怒りや不信感を抑え込んではいけません。

その感情は、あなたを解放するために取り組むべきテーマを示唆《しさ》しているのですから。

怒りの原因も不信感を抱く原因も、自分自身にあります。

相手は、それを引き出すきっかけをつくってくれたにすぎません。

たとえば、「ぶっさいくだな、おまえ」なんてちょっとした冗談を言われたとします。それに対するリアクションは、1すごく落ち込む人、2頭にきちゃう人、3ゲラゲラ笑い転げて終わる人、の3パターンです。

落ち込むタイプは、自分でも容姿に自信がなくてコンプレックスを持っている人、頭にくる人は自分に自信がある人（これもコンプレックスです）、最後の笑い転げるタイプはそんなことを気にしないコンプレックスがない人です。

同じような言葉や態度にも違った反応をする原因は、「ぶっさいく……」と言った人にあるのではなく、言われた側の心の中にあるのです。

そして、この怒りや悲しみ、嫉妬、不安感、不信感などの原因を探っていくと、あなたの心の奥深く真っ暗な部屋の隅でじっとうずくまり、あなたが気づくのを待っている、もう一人の傷ついた自分と遭遇するはずです。

傷ついた自分を救い出せる救世主はあなただけです。さあ、勇気を持ってあなたの感情の扉を開け、あなたが立ち向かうべきテーマを見つけましょう。

25

今まであなたが繰り返してきた転世の中で「永遠の至福」に至れなかったわけ

仮にあなたが言った一言が、パートナーの逆鱗《げきりん》に触れてしまったとしましょう。

今までだったら「これでもう一巻の終わりかもしれない」と相手を失うことに対する恐怖が出てきます。次にできる限り自分を正当化する材料を探しますが、何もなければ、ひたすら許されるまで謝るしかありません。それでも相手がしつこく怒り続けていると、だんだん自分も腹が立ってきて、ついには逆切れという展開でしょう。

ところが、真のパートナーシップでは、全く違ったストーリー展開になります。

明らかにあなたに非がある場合は、誠心誠意謝るということは自分の尊厳を守るために必要です。

でもちょっと思い出してみてくださいね、全ての現実は相互関係の上に創造されます。

つまりこの場合、あなたはパートナーのオーラを読み取って相手のスピリットからのリクエスト通りに「言ってあげた」だけなのです。

だから、あなたが次にすべきことは、すぐに客観的な視点に切り替えて相手を見ていくことです。そして、第三者のようにできるだけ冷静にパートナーとコミュニケートしてください。

ここでくれぐれも守っていただきたいことがあります。

「そんなことでいつまでも怒っているなんて人間ができていない証拠じゃないの？」とか、「それはあなたの勝手な価値観だから直した方がいい」などとジャッジしないこと、それから、もっとも致命的な間違いは、あなたのスピリットに言わされたのだから、私は悪くないという態度や言葉です。

あくまでも相互作用ですから、お互いに自分自身を省みる必要があることを覚えておきましょう。これは自分に取っても大きな気づきのチャンスなのです。

その逆のパターンもあります。あなたが「自分を責めてしまうケース」です。これは、前述した通り、相手のスピリットのリクエストに応えた結果で、お互いに何かに気づくためには必要な「一言」だったのですから、自分を責めるのはまったく意味のないことです。

さて、相手の地雷を踏んだあなたは、最初は相手にインタビューするだけです。

具体的には、私の発言のどんな部分にどんなふうに感じて怒りが噴出したのか、その怒りに対して何を感じているか、私に何を望んでいるのか、以前にも同じようなことで怒りが噴出したことがあるのかなど、丁寧にパートナーが自分自身の内面に深くダイビングしていくナビゲーションをしてあげましょう。

そして次に、あくまでも客観的な立場で、あなたの感じていることや思ったことを相手に伝えます。これは、相手が狭い視野の中に閉じこもって真理に向き合うことを妨げないためです。こうして、怒りのスイッチとなる根深いコンプレックスを見つけ出すサポートをしていきましょう。

自分のコンプレックスに触れられると、誰でも怒りがこみ上げてきます。

そのコンプレックスとは自分の価値観や、過去や過去世での手痛い失敗が原因となる劣等感や、「できないのではないか」「失うのではないか」「嫌われるのではないか」といった自己不信から来る恐怖です。これらが、自分の意識の奥底に常にあって、そこに触れられないように分厚い壁を作ります。

誰にでもこういう部分はあるのですが、コンプレックスが特に多い人は「だって」「でも」を連発して、全てを何かのせいにしてしまうので、消極的な人生になります。

それなのに、自己顕示欲だけは強くてやたら仕切りたがったり、自己主張が強かったりします。これではなかなか「至福」にはたどり着けませんよね。

今まであなたが繰り返してきた転世の中で「永遠の至福」に至れなかったのは、他の何でもない、コンプレックスが原因です。でも、人生がゲームなら、このコンプレックスは、何よりゲームのクライマックスを演出できる大切な材料です。

つまり、ここに真摯に向き合って、丁寧に解決してゆけば、最も劇的な変化を起こし、人生が180度変わります。

相手の言葉や態度に対する自分の反応は、根深い心の傷を浮き彫りにしてくれます。

このようなときこそ、共に寄り添って取り組むことによって、より深い信頼関係を築いていくことができるでしょう。

パートナーとのシェアリングは、お互いの神聖なエリアを侵害し合わないように注意深く行いましょう。社会的な善悪の概念や、正しいか否かなどに捕らわれて、相手をジャッジしてしまったり、何かを決めつけてしまったりしないように、くれぐれも気をつけてください。また現実的な解決に焦点を合わせてしまうと、あなたの傷にもパートナーの傷にも気づくことなく終わってしまいます。

あくまでも、「どう感じているのか」という感情や感覚的なことに意識を集中させていくことです。これは、普段あまりしていないことなので、最初は自分の純粋な感情や感覚をキャッチすることが難しいのですが、それをサポートし合うのがパートナーシップです。どうぞ、ゆっくりと時間をかけて、お互いの感情を引き出していってください。

そして、パートナーはあなたの鏡ですから、必ずあなたが持っている傷は相手にもあるはずです。どちらかの傷が癒されることによって一気にもう一人の傷も癒されていきます。本当にこれが不思議なのです。あなたもぜひ体験してみてください。

26
「根拠なき自信」は奇跡を起こす魔女のステッキ

多くの恋愛関係は、お互いに相手によって自分を満たそうとする共依存の関係です。

でも、本来は逆に、お互いの傷を癒すことによって、自分自身を満たして自立に向かわせる関係でなければなりません。

この関係を続けていくうちに、自分自身の中にある大きな力によって守られているという感覚や、スピリットの大いなる意志が強く働きかけているということが感じられてきます。

これは、あなたにとって大きな変化です。このことに気づいたあなたはもう、本当の自分を知ってそれを自由に表現していく、スピリチュアルな人生以外は考えられなくなります。

なぜなら、あなたの中で自分のスピリットとエゴをつなぐ架け橋ができたからです。

こうなると、自己信頼が確立されるので、何の根拠もないのに、なぜか「自分ならでき゛る」と信じられるようになるのです。

この**「根拠なき自信」は何より大切です。実は、これこそ奇跡を起こす魔女のステッキみたいなものなのです。**根拠なき自信を持って臨んだことは、必ず実現します。

そうなると自分で自分を満たすことができるようになりますから、パートナーに満たしてもらおうなどと思わなくなります。

また、お互い相手に何も期待しない関係が成立し始めると、お互い相手のかゆいところに手が届く素晴らしい存在に変貌していきます。

お互いに非常に心地よい充足感と安心感に満たされて、他では得ることのできない信頼関係を築く結果になります。

今までパートナーの浮気に悩んでいたり、自分自身の浮気癖にほとほと嫌気がさしていた人は、特に大きな変化が起きるでしょう。

浮気の原因の多くは、恋愛依存症や、相手に対する依存症にあります。このような依存症を引き起こしているのは、自分自身にハートを開いていない状態で、自分を無視しているためです。

この状態では、相手もあなたを無視することになるので、別の誰かに心を向けても不思議ではありません。

そして、相手はあなたを映し出す鏡ですから、同じように自分で自分を受け入れられない状態に陥ります。そして、あなた以外に引き寄せる相手も、同じように心を閉ざして自分を受け入れようとしていない状態のはずです。

このような自己不信の輪がどんどん広がっても何もいいことはないので、どこかで連鎖を断たなくてはなりません。

そこで、あなたが、まず不実な自分を許して受け入れてください。次に、今まで無視し続けてきた、自分自身の純粋な思いや感情をあらためて感じてあげてください。

たとえば、明確な理由があるわけではないけれど、何となく嫌な感じがするときや、これは止めた方がよさそうだと思うときでも、周囲の人の事情や、しがらみを気にして断れないようなことは誰にでもあります。

当然「やっぱりあのとき勇気を出して断ればよかった」と思う結果になります。

つまり、あなたの思いや感覚は、そのことをあなたに伝えていたのに、あなたは自分のメッセージを無視してしまったわけです。

これは、十分にあなたの幸福を妨げていますし、チャンスも運も取り逃がしています。

「NO!」と主張するあなたのピュアな感覚を尊重し、自分自身とちゃんとコミュニケーションしてください。


あなたが、先の見えないような不安に苛まれたとき、あなたの豊かで純粋な感覚や感情は、瞬時にシンクロを起こし、未来の明るい方向を示してくれます。私は本当に、大きな力によって守られているのだと理解することができて、感動します。

この感覚が「愛」なんですよ!

自分自身に「愛」を感じることができれば、もう恐れることはなくなります。

27 自分自身の「神聖な権威」を引き出すワーク

真のパートナーシップは、一言で言えば、自己探求の道です。

そして、一人の人間には限りない可能性が潜んでいますから、この道には終わりはありません。従って、生涯継続可能な道で、たとえどちらかが死んでも、スピリットとして生き続けるので、やはり終わりはありません。

もちろん、パートナーと死別し、新しいパートナーを得ることも、また、辛くて苦しい別離を乗り越えて、たくさんの智恵と勇気を得た結果、新たなパートナーと出会うこともあるでしょう。


どんなときにも、あなたが意識を向け続けるのは自分ですから、かけがえのないパートナーだと感じていても、実は相手が誰かということよりも、自分自身をいかに大切に出来るかが問題です。

ともすると相手の一挙手一投足が気になって、自分から目を逸らしてしまいがちな恋愛ですが、相手を通して見ているのは自分の姿であることを忘れないでください。


神聖な意味での恋愛は、死と再生を繰り返す道です。相手が見せてくれる古い自己を殺して、新しい可能性に溢れる自分に生まれ変わり続けるには、自分の神聖なエリアを守る必要があることとお話ししました。

そこで、ここでは、神聖なエリアにある自分自身の「神聖な権威」を引き出すために役立つワークをご紹介します。

1　自分にとっての優先順位を明確にし続ける。
もし、自分が変化し、成長しているとしたら、当然価値観や概念は変わります。ですから、何が最も重要かは、決して普遍的なものではありません。でも、常に自分自身が明確に認識できていることは重要です。

専用のノートを作って、常に整理して書いていくことを習慣にされるとよいでしょう。

このような作業は、自分に意識を向ける大切な時間をとなります。

2　ノートに書き挙げた自分に取って大切なことを実行するため、あるいは守るために必要なことを挙げてゆく。

たとえば交友関係を整理する必要があるとか、仕事のやり方を変える必要があるのであれば具体的な方法なども書いてみます。

3　2で挙げた内容をよく検討して、できることから取り組む。

取り組みの記録をノートに付ける、その結果どんな変化が起きたかも書き留めておく。

これらのことを実践してゆく過程では、勇気が必要な挑戦も出てきます。

でも、一度このワークをやると決めたら、決して途中で止めたり、諦めたりしないことが大原則です。なぜならそれは神聖な権威を犯すことになるからです。

その代わり、一連のことをやり尽くしたときには、大きく物の見方や考え方が変わり、自由に解放された感覚を味わうことができるはずです。

第4章

いつも幸せを遠ざけてしまう人へ

28

特定の「感情パターン」を癒して終わりにする

「癒す」という言葉には幅広い意味があります。

病気を治すという意味や、深いリラックスというイメージもありますね。

それだけではありません。自分自身の可能性に制限を加え、不自由な状態を作り出している特定な概念に気づいて手放すという意味もあります。

さらにそれを細かく見てゆくと、根深いコンプレックスを解消することや、恐怖や不安の元になる思考癖を手放すことなども、大きな癒しにつながります。

これが一番大きな要素で一番ダイナミックな変化を与えてくれる癒しです。


全ての現実は、あなたのコンプレックス、恐怖などが原因となる、特定の思考癖や、感情のパターンの投影です。これらの特定の癖や特定のパターンをプログラムと呼びます。

もちろん恋愛に関して起きる出来事も当てはまります。

だから、あなたが過去の恋愛において、満たされていなくて満足できていないのなら、「癒し」が必要です。


そこで、まずプログラム探しから始めますが、あなたの自由や幸福を妨げるプログラムの原因は、心の傷や劣等感です。

幼いときの環境や過去世の経験から来るプログラムは、さまざまなかたちであなたにとって不本意な現実を創っています。

ですから、今あるいは過去の恋愛において、何が不満なのかを思い出してみてください。

「何であの人は、私のことを理解してくれないのかしら」「何でもっと素直に接してくれないのかしら」など、できるだけ具体的に挙げていきましょう。

そして、これらに共通している点を探してみましょう。


たとえば「私は孤独」という共通するプログラムが恋愛における最大の不満だとしたら、あなたがここまで気づいた段階で、現実的な出来事にも、パートナーの態度にも変化が起きるはずです。

特にあなたの不満がピークに達していると、意外と簡単に癒すことができます。

「このパターンは終わりにするぞ!」と、固く決意してください。

後は、タイミングが来れば、取り組まざるを得ない出来事を、あなたのスピリットが提供してくれますから、大船に乗った気でゆったりと構えていてください。

29

相手にプライドをズタズタにされるわけ

あなたのプライドはあなたの劣等感という傷をカモフラージュすることによって、守っている防御壁です。

そのプライドに指一本でも触れようものなら、たとえどんな相手でもあなたは烈火のごとく怒り、あるいは、その場で崩れ落ちそうになるほどショックを受けて落ち込みます。

こんな経験は誰でもありますよね。

なぜ大好きなはずの人に傷つけられなければならないのでしょうか?

これはスピリット同士が、この人となら互角に渡り合えると認識している者だけに起きることです。

だから、こんなことを言ったら確実に怒るとわかっているのに、ついつい口が滑《すべ》ってしまったり、普段の自分なら絶対に言わないことを言ってしまうのです。

これはまさしく、あなたが全身全霊で向き合うことができる、最高のパートナーと巡り会えたということです。

先日ニュージーランドに行って、先住民族であるマオリの方たちとふれ合うチャンスがありました。「ハカ」という言葉を聞いたことがある方も多いのではないでしょうか。そうです、あのラグビーのオールブラックスが試合前に行う儀式です。

でもその真意は意外と知らないですよね。「ハカ」をYouTubeで検索すると、試合前に選手がハカを行っている画像がたくさん出てきます。みな恐ろしい顔をして相手のチームを威嚇《いかく》しています。

この儀式に関しては、戦いの前に「戦士が相手を威嚇するために行った」という説明しかされないことが多いのですが、実はそこにはもっと深い意味があります。実際は、相手を威嚇しながら、捧げ物を差し出します。マオリの恐ろしい形相や気迫に圧倒されて、捧げ物を受け取れなければ、マオリは相手にしません。

威嚇に対して相手も勇敢さを示し、捧げ物を受け取った場合には、あっさりと好待遇で受け入れます。

つまり、無駄な流血を未然に防ぐ智恵であり、支配と隷属の関係をなくし、フェアな関係を築くための策でもあるのです。

そのために、マオリは弱い者を相手にしません。マオリの威嚇に対して対等に向かい合える者だけを相手にするのは、マオリは主従関係を好まず、あくまでも対等な関係を重んじる精神があるからです。この精神は正に水瓶座時代に相応しい精神です。

真のパートナーも同様に、どちらかが弱ければ成立しません。

あくまでも、それぞれが独自の考えや価値観を持って自立する力を持った者同士が、対等に向き合うことによって、互いを癒し、潜在している可能性を引き出す創造的な行為だからです。

30 本来の喧嘩は相手を傷つけたり、支配するためのものではありません

喧嘩は次元の低い行為であり、知的な人間のすることではないと思われがちですが、本当にそうでしょうか？

私たちの中には、「喧嘩はよくない」という概念があるので、激しく意見を交し合ったり、感情を表現し合うことは避けてしまいます。

私たちは、豊かな感情や感覚を持った存在で、それは、非常にユニークであり、必ずしも論理的ではありません。むしろ、奇想天外で、自分自身でも何が飛び出すかわからないところがこの地球上でのゲームを面白くしているのです。

だから、一人一人が異なった意見を持っていて、それを認め合い分かち合うことが、大切な気づきを促すチャンスになります。それなのに、ごく一部の人にしか自分自身のユニ

ークな感性や意見を表現できないとしたら、本当はもったいない話ですね。

本来喧嘩は、フェアな関係をつくる精神を実践するために必要なものであり、また自分の性質や力、才能などを知って、それを表現し幸福に導いていくためにも必要なものです。従って、決して相手を傷つけたり支配したりするためのものではありません。

ときには怒鳴り合いになることもありますが、恐れや不快感から話を適当に収めてしまおうと考えないでください。「戦ってはいけない」「喧嘩してはいけない」というプログラムのせいで、恐れを増幅しているのです。

素直に自分を表現して、互いに意見をぶつけ合うことに慣れてくると、鬱積した感情や感覚がなくなってきますから、自分の本心、本質などを表現するのは、まるでストレッチ運動のような気持ちのよさや、適度な運動の後の充足感にも似た感覚を得られるようになります。

こうなってくると、あなたのオーラもパートナーのオーラも、とても活発にエネルギーが流れるようになってきます。

また、オーラのエネルギー循環がよくなると、思ったことがすぐに現実に反映されるようになっていきます。ですから、これを喧嘩と呼ぶかは疑問でもありますが、お互い忌憚《きたん》のない意見をぶつけ合うことは効果的な取り組み方です。

31

最高のパートナーとは、あなたにとって「最悪の人」かもしれません

パートナーシップは、お互いを育み合う関係なので、自分の癒されていない側面と同じものを持っている相手を引き寄せて、不調和な部分や未熟さを見せ合うことになります。

ですから、恋愛の相手に、初めから人格者で、何もかもがそろっている相手を求める気持ちもわかりますが、それでは意味がありません。却って劣等感を強くするだけです。

残念ですが、あなたの理想のパートナーは、欠点だらけで傷だらけ、しかもあなたの心の急所をひと思いに突いてくるような「最悪のヤツ」です。

意外とあなたの身近にいるかもしれませんね。


人を見る目がなくて、女運、もしくは男運が悪いと思っているとしたら、それは宇宙の法則に従って、同種を引き寄せあった結果です。結果は謙虚に受け入れるべきでしょう。

でも、自分にとって最良な人を見抜く目を養うことはできます。

ただし、一般的に言われるような、優しいとか誠実という条件とは違ってきますから、常識的なカテゴリーに当てはめて評価しないことです。自分自身の感覚に敏感になってください。変な人や変わってる人、不思議な人でもかまいません。

最も重要なポイントは、あなたが興味を持てるかどうかです。

「何だかわからないけど、また会ってみたい」「変な人だけど、気になって頭から離れない」という感じは、あなたがすでにその人に、十分に興味を持っているということですから、脈ありです。

あなたの「もっと知りたい」という欲求が湧いてきているチャンスを逃してはいけません。相手があまりにも予想外のタイプの場合、あなた自身が好きという気持ちに気づくには、少し時間がかかるかもしれません。

「こんな不細工な人を好きになるはずない」とか、「こんな変人を好きになったら誰にも言えない」という考えが、「好き」という気持ちをブロックする可能性もありますからね。

だから、離れてみて初めて好きだという気持ちに気がついた、なんてことになるのです。

先述の通り「好き」は「その人を知りなさい」というスピリットからのメッセージですから、あなたはどんな人を好きになるか予想がつきません。

これがまた楽しいところなのですね。

お互い社会意識にまみれた仮面を剝《は》がし合った中から、やっとあなたの理想の王子様、お姫様が現われるという算段です。お互い遠慮なくむしりとってください。

32 健全な「自己表現欲」を発揮してください

人に自分についての印象を聞いてみるのは面白いものです。思ってもみないような印象を与えていることも多いですね。

あなたが、「自分ってこんな人」と思っているのは、あなたが生まれてからこのかた、次から次へと増えていくプログラムによる制限の中で作り上げた虚像です。

虚像の中にはあなたが発揮するべき力や才能はありません。ですから、あなたが本当にこの地球で経験したかったことを実現するには、あなたが勝手に作り上げた自己像を壊す必要があります。本当の自分を見つけ出して、その力を発揮するためです。

人を好きになると、その人の好みや価値観に合わせようとしますが、そういう自分はさらに虚像を生み出します。

本当の自分を見つけるには、まずは世間一般で善《よ》いといわれていることや、逆に悪いと言われていることを疑ってみてください。

本当は、悪いといわれていることにこそ、私たちの進化を促す大切な智恵が潜んでいることはよくあります。

たとえば、あなたはお金や名誉、地位などに貪欲であることに抵抗感を持っていませんか？

私たちはもともと「経験」に対して貪欲なのであって、権力や名誉、栄光そのものに貪欲なわけではないのです。そのことに気づくのは、実際それを得たとき、つまり経験したときです。

そのため、特にスピリットの計画している経験に対しては、簡単に諦めがつかないようになっています。それなのに概念によって、無理に自分の欲を抑え込んだり、または欲のない振りをしたりすると、あなたのオーラの中に不調和が生じて、却って厄介な現実を創り出すことになります。

唐突ですが、あなたは自己顕示欲を持っていますか？

健全な人間は、自分を自由に表現しようとするものです。だから、それを我慢している人は、素直に「俺はさ」「私ってサー」などと自分を表現できる人をどこかで羨《うらや》ましいと思っているので、そういう人に嫌悪感を抱く一方で、強い自己顕示欲を押し殺しています。

ぜひ健全な「貪欲」さと「自己顕示」ではなく「自己表現欲」を復活させてください。

この二つはとかく誤解を受けやすいのですが、私たちの成長には欠かせない要素です。

自分の貪欲さに誠実に取り組み、必要な経験をしてきた人は、どんどん無欲になっていきます。なぜなら、「欲」という動機がなくても、必要な経験を自分に与える力がついてくるし、次にどんな経験を必要としているかも理解できるようになるからです。

社会的な概念を恐れることなく、自分の欲求に素直に従って、どんどん自分を変化させていくことに、チャレンジしてみてください。

ダイナミックに現実も変化していき、こんなに自由で楽しい世界があったのだということに気づくはずです。

33

「その人を知りなさい」という指令によって激しい感情を作り出す

これも何度も言ってきたことですが、恋愛の一番の特徴は、激しい感情です。

「その人を知りなさい」という指令が出るときは、脳内は強烈な神経細胞の発火によって、ホルモンやペプチドが分泌されている状態です。これらが激しい感情を作り出しています。

そんな自分に抵抗して、相手を無視したり、自分の思い通りにコントロールしようとすれば自分の満たされない思いは募り、体調を崩す原因にもなりかねません。

でも、もう同じ失敗を繰り返す必要はありません。

どんなときにも、自分の思いに誠実になって、頭で考えすぎないことです。

考えてしまうと駆け引きしたくなったり、不誠実な態度を取ったりしてしまいます。

それでもどうしても駆け引きしたくなったときには、敢えて負けるようにしてみてください。損して得する方法です。

自分勝手な感情が吹き荒れるせいで、スピリチュアルな意識を持ち続けることを忘れがちです。感情を抑える必要はありませんが、その感情に呑まれてしまうのではなく、感情的になっている自分を客観的に見る目を養いましょう。

34 離れていても不思議と満たされた気持ちでいられるようになるために

お互いの絆を強く感じたい欲求は、スキンシップやセックスを求めるほど、よけいに強くなっていきます。こんなときは、分離感の苦しみにはまっているのです。これは現実世界特有の感覚、錯覚といってもいいものです。

肉体を求め合っても、分離感を埋め合わせられるわけではありませんが、そんなときはまずお互い向き合ってリラックスして座り、意識と意識、ハートとハートがつながり合っているイメージをしてみてください。

そして楽な呼吸をしながら相手を感じてみようとしてください。

最初は難しいかもしれませんが、何度かやっていくうちに、はっきりと相手の存在感を感じとることができるようになります。

そして、ハートチャクラを通して、互いのエネルギー交流が行なわれているのも感じられるようになるでしょう。

そうなると不思議と離れていても満たされた気持ちでいられるようになります。

そして、不思議なシンクロもたくさん起きるようになります。

実際私と夫はつき合い始めたときに次の約束をしなくても、同じタイミングで同じ場所に行くことがたくさんあって、偶然に会うことが当たり前になっていました。だから、別れるときに次に会う約束をしませんでした。それでも必ず会うことができました。

35 幸福を遠ざけてしまうプログラム

恋愛成就という言葉は誰が考えたのでしょうか?

そもそも、恋愛に成就とか成功ってあるのでしょうか?

相手が、自分の気持ちを受け止めて応えてくれた瞬間も成就でしょう。長い春が過ぎて、結婚という新しいかたちの関係をスタートさせるに至った、というのも成就かもしれませんね。


でも、どこまでいったら成功かという答えは、現実的なかたちの中にはありません。

人はいつでも「幸せになりたい」と思っているくせに、「幸せになるのは怖い」とも思っています。「幸せになってはいけない」とさえ思っている人も結構います。だから、素直に幸せをつかむことができないんですね。

なぜ、幸せを恐れたりするのでしょうか？　これもプログラムのせいです。

初めから幸福な状態を知らなければ、夢を見続けていられますが、一度幸福を経験してしまうと、失うことが最大の恐怖となり、幸福を遠ざけてしまうプログラムとなります。

人は、無意識のうちに継続していくことに抵抗があるのです。

それは、この宇宙は常に変化し続けるものだということを知っているからです。

だから、人の気持ちなど最も移ろいやすく信用ならないというプログラムに多くの人が悩んでいます。

このマイナスのプログラムを癒すには、不変的な愛を知ることしかありません。


「愛」という概念はよく「愛情」と間違いやすいので、注意してください。

「愛」と「愛情」は全く違うものです。

「愛情」は情けという漢字の通り、根底にあるものはエゴイスティックな情です。

こんな想像をしてみてください。相手はあなたよりも圧倒的に力があって、社会的にもその力を認められていて、自立しています。健全な精神を持っていて、いつも積極的に挑戦し、誰からも好かれています。こんな人にあなたが愛情を注ぐとしたらどんな感じですか？　ちょっと「自分の出番がないな」と感じたりしませんか？

つまり、愛情は互いに足りていない部分を補足し合うような関係を作り、共依存を生みます。もちろん自分自身にも愛情を注ぐことはできます。この場合にも自己憐憫や慰めのような性質が出てくるでしょう。

一方「愛」は、対象が何であっても絶対的な信頼を持って肯定することです。

そこに条件は不要です。

もし自分自身に愛があるとすれば、先述のように自分の感覚を信じて、スピリットが持つ大きな力とつながっている実感があるでしょう。そこには不安も恐れも存在しません。

対象が他者である場合、相手がどんな人でも、どんな状態でも、全ては完璧で、その時その人が経験すべきことを経験し、必要な成長が促されることを、何の根拠もなく無条件に信じることができる感覚です。

つまり全てをありのままに認められるような、崇高な意識とイメージしていただくのがよいでしょう。

なぜなら、本来「愛」は宇宙万物全ての営みを成立させる壮大な秩序、あるいは法則を意味しています。

物が物であるためには、たくさんの原子や分子、さらに小さな素粒子たちが引き寄せ合っている状態をつくる必要があります。また、これらが変化したり壊れたりするには、この小さな粒たちが、離れてバラバラになる必要があります。

この引き寄せ合ったり、離れたりする力はどこから来るのでしょう？

実はこの力のことを「愛」と呼んでいます。

これを敢えて人間に置き換えると、すべての営みに同意するということになるでしょう。

こんな気持ちを持つことができたら、全ての物事は常に変化してゆき、自分が留めることはできないことを理解しますから、終わることや失うことに対する恐怖や抵抗はかなり軽減されるはずです。

このように無条件の同意というテーマに取り組み始めたら、少しずつ幸せな自分を感じることができるようになっていきます。

パートナーの一挙手一投足に過剰反応して、眠れぬ夜を過ごすこともなく、必要以上に振り回されることもなく、片時も離れられないような依存関係も、お互いをコントロールし合うこともなく、本当に自由な状態になります。

こうなったら、恋愛成就の領域に到達したといっていいでしょうね。

36

自分の純粋な欲求に応え続けていく

あるマスターはこんなふうに言いました。

「慈悲とは求め続ける心だ。そして、慈悲を極めた者は愛の体現者となる」

多くの人は、慈悲という言葉に、哀れみをかけるとか、許せざる者を許すとかいったイメージを持っていると思います。

でもどうやらそれは違うようです。

慈悲とは自分の純粋な欲求に応え続けていく誠実さと情熱を意味します。

ですから、もし自分が素晴らしいパートナーシップに取り組みたいと思うのであれば、その欲求に応えられるように、熱心に取り組みつづけるのは慈悲だと言えます。

あるいは、ビジネスで成功を収めたいという野望があるとすれば、その思いに答えられるように、果敢に挑戦し続ける必要があります。

このように自分の欲求に応えていくことは、自分が必要としている経験を自分自身に与え、魂の計画をどんどん実践しいくことになりますから、必然的にどんどん成長が促されます。

人の成長には経験が不可欠ですから、成長のために必要な経験を得るために、次々新たなことにチャレンジできれば、精神的にも、霊的にも飛躍的に成長することができます。

そうなれば、自分の実力を知ることができ、自分自身に対する誇りや信頼を培《つちか》うことにつながります。またこれらのプロセスにおいて、スピリットとのコミットメントができるようになることが、最も大きなギフトと言えるでしょう。

この霊的な深いつながりによって、必然的に愛の体現者となります。

第5章

あなたの幸せを妨げる恋愛プログラム

37 女性が男性をコントロールしようとすれば、男性も鏡として女性を欺すようになる

何時《いつ》の時代にも「恋愛」は普遍的なテーマですから、その分、恋愛に関する情報は常にあふれています。しかし、女性目線で見たものばかりのように思います。

かつてのクライアントさんのお一人は、男性ですが、ぜひ男性向きの恋愛に関する本を書いてくださいと、おっしゃいました。私も男性にこそ、恋愛に関する情報が必要だと思います。

そして何より多くの女性たちは、世の男性を理解しておらず、逆に男性は女性を理解していませんから、大きな誤解が生じていると感じます。

巷《ちまた》にあふれる女性のための恋愛術は、先述してきたように、どれも突き詰めれば、相手を夢中にさせ、自分の思うままに動いてくれるように男性をコントロールできれば、あた

かも幸せになれるように思い込ませるものばかりです。

でも、自分の望む男性を思い通りにコントロールできたとして、相手はそれで幸せになれると思えるのでしょうか？

男性は女性に尽くすことが幸せだなんて思えるのでしょうか？

思えたとしても全員ではありませんよね。

「相手を自分の思うようにコントロールしたい」と思うのは、あなたの中に知らないうちに仕掛けられた恋愛に関するプログラムが強く働いているからです。

思い切ってそれを取り払ってみれば、まるで催眠術にでもかかっていたように、目が覚めた感覚を得るはずです。

誰だって冷静に考えれば、女性が飴と鞭を用いて男性をコントロールするような世界に、真の平和や心の安らぎがあるなんて信じられないはずです。

恋愛において、片方だけが幸せを感じることなんてあり得ません。

両者ともに幸福を感じるか、共に不満を抱くかどちらかです。

女性が男性をコントロールしようとすれば、必ず男性もその鏡として、相手が気づかないように上手く女性を欺《だま》すようになり、二人の間には大きな溝ができてしまいます。狐と狸の化《ば》かし合いみたいなことになるわけですから当然です。

このステージでは、あなたの幸せを妨げている、恋愛プログラムについて考えてみましょう。あなたがそのプログラムに気づき、「〜でなければならない」とか、「〜のはず」といった思い込みから自由になればいいだけのことです。

たったそれだけのことで、きっと目からウロコが落ちるように、自由で幸せなパートナーシップへの道が、開かれるでしょう。

38 男性に経済力を期待する——恋愛編「ご馳走されるのが当たり前」というプログラム

数ある恋愛プログラムの中でも、女性は男性の経済力を期待するべきだというプログラムはかなり強烈です。

その一例として、わかりやすいのは、「女性が男性にご馳走《ちそう》されるのは当たり前」というプログラムです。これは明らかに自ら男尊女卑を受け入れているようなプログラムです。

もちろん、明治時代以前の社会であれば、女性が収入を得ることは難しい場合もありましたから、全てを男性が賄《まかな》って当然でした。しかし、現代社会は大きく変化し、女性は男女平等を訴えてきたはずなのに、都合よく男性に依存するのは矛盾ですね。

もちろんどちらがご馳走しても、そんなことは大したことではないという意見もあります。実際私もその意見です。そういう意見を持っている人は、男性におごられることが当たり前だとは思っていません。

逆に男性の立場でも、常に女性にはご馳走しなければならないという慣習に縛られる必要はないと思いませんか？

もちろん男性でも、女性でも気持ちよくご馳走したいときもあります。

そんなときには、ご馳走になる側も気持ちよく受け取れることが大切です。

どんな行為も自分の気持ちに正直でなければ、せっかくの行為はお互いの気分をつまらないものにします。

相手がおごってくれるかどうかで、その人がケチなのか、また、自分にどれだけ気があるかなどを測るのは、大きな間違いにつながるプログラムです。

おごってもらうのが当たり前という女性のプログラムは、何より女性たちの活き活きとした心を抑圧して空虚にします。

「今、あなたは満たされていますか？」

自分では気づいていないかもしれませんが、実は、男性におごってほしいと思ったり、何かをプレゼントしてほしいと思ってしまうのは、なんとなく満たされない空虚感を、誰かに満たしてもらおうとする無意識の心理作用です。

一方、損得勘定なしに、フェアに相手と向き合える女性は、たとえ男性がおごってくれなくても、プレゼントがなくても、ケチだとは思いません。むしろ好きな相手には自ら率先してプレゼントするかもしれません。また、積極的に手料理をご馳走するかもしれません。

そして、実は、そういうふうに向き合える女性は、愛する彼女には、できる限りのことをしたい思う男性を引き寄せるものです。

お付き合いが長くなって、最初の頃のように素敵なデートを演出してくれなくなったり、プレゼントをくれなくなったりすると、とたんに愛が冷めたように感じ、彼に対してバッテンをつけたくなってしまう場合も、歪んだプログラムが、彼とまっすぐに向き合うことを邪魔していると考えてください。

女性のほうも、付き合い始めた頃は、その男性の話をきちんと聞いて感動したり、共感したりしていますが、そのうち、「そんなの、仕事なら当たり前でしょ」とか、「男なんだから我慢しなきゃね」なんて心ないことを平気で言うようになります。

こうなったら、お互い一緒に居る意味があるのか考えてみるべきです。

結局、物やお金で測る恋愛は長続きしません。

39 男性に経済力を期待する──結婚編
「女性は稼ぐ必要はない」というプログラム

結婚しても働き続ける女性が増えていますが、それでも、「結婚相手には経済力を求めない」という人は少ないのではないでしょうか。

「男性は外に出て働くもの」という価値観が今でも根強く存在するのは、人類が狩猟民族だった時代の遺伝子が、私たちにも脈々と受け継がれているからです。

人間が狩をしていた時代は、力の強い男性が、狩をするのは自然なことです。でも、さほど力を必要としない作業は女性も率先して協力していたはずです。なぜなら、今のように人口が多く、組織立った社会ではなかったからです。

今は狩をしませんから、経済活動は女性でも十分にできます。もちろん、男性は外で働き、女性が家庭を守るというかたちでお互いに満足していれば、まったく問題ありません。でもどちらかの負担が大きくなって、うまくシェアできない場合、この価値観にとらわれてしまうと、幸せになれないカップルも出てくることでしょう。

世の中には、家事は苦手だけれども、仕事はできる女性や、経済活動は苦手だけれど、家事や育児が得意な男性もいるのです。

このような二人が結婚して、それでも「男性は外に出て働くもの」という価値観から自由になれないでいると、お互いに苦手なことに取り組まなければならず、疲弊して関係性も悪くなります。

経済活動にとても向いている女性も、家の中の細々としたことが大好きな男性もいます。むしろその方が自然だと言うことさえできます。なぜなら、本来の女性らしい女性の概念も、男性らしい男性の概念も大きく間違っているからです。

女性は、現実的で、大胆に躊躇せずに挑戦する性質を持っています。逆に男性は、ロマンチストで、繊細さや丁寧な側面を持っていますから、細かい気配りができるのです。

このような女性性と男性性の性質を間違えて認識してしまっているので、お互いにむりな欲求をし合って、大きなストレスを抱えています。

夫に養ってもらいたいと思う気持ちは、女性の依存心の表われです。しかし、一方的に依存する関係は、決して安心できないので、夫も自分に依存するように仕向けます。

妻は、夫の着るものから身の回りの細かいことまで、かいがいしく世話を焼き、家の中では、男性は何もかも妻にまかせっきりという状況に甘んじてしまいます。

このような共依存の関係は、お互いに相手の自由を束縛する結果を招き、自由な自己表現を抑圧してしまいます。

そして喧嘩をすれば泥沼化して、両者とも上手くいかないのを相手のせいにし合います。この関係は最も殺伐とした不毛の関係となってしまうので要注意です。

こういったプログラムを取り去れば、経済活動も、家事や子育ても、人生のパートナーとして一緒にシェアしていけるような人に出会えるはずです。

40 「家事は女性がするもの」というプログラム

前項の「女性は稼ぐ必要はない」というプログラムと一対になっているのが、「家事は女性がするもの」というもの。

でも、実際今は男性よりも女性の方が収入の多いカップルも増えてきていますし、先述の通り、家事に向いた男性は実は大変多いのです。男性は自分より収入の多い女性に対してコンプレックスを持つ人が多いですが、そんな必要もありません。

プロの料理人は、女性よりも男性の方が多いという事実の通り、料理上手な男性は案外多いと思います。でも「男子厨房に入らず」なんて保守的な考えの両親に育てられてしまうと、せっかくの腕を振るうチャンスがなくなるわけです。

女性が生涯を通して為し遂げていくべき大きなライフワークを見つけたときに、パートナーの男性が彼女の一番の理解者となり、仕事をやめて彼女のサポート役に徹するというケースも最近増えています。

ある友人のご主人もそういう一人になりました。友人の仕事がすごく忙しくなったときに、潔く会社を辞めて、彼女のマネジメントと家事全般を引き受ける決心をされたそうです。

お家に行って驚いたのは、キッチンのカウンターの上には何も置かれていないし、道具類はすぐに手の届くところに美しく配置され、調味料や乾物なども、仕事で鍛え上げられたスキルを生かして、無駄なく、美しく、編集・管理されています。

「男の台所」とはこういうものなのか……、と惚れ惚れしてしまいました。

聞くところによると、ご主人が家事全般を引き受けると決めたときに、「自分のやりやすい方法に、全部変えさせてもらう」「あなたは家事に一切手出しをしないように」と宣言されたそうです。その徹底ぶりには目を見張ります。

これには、男性と女性の脳の使い方の違いも関係しているかもしれません。

目先のことばかり気になる女性に比べ、男性は全体を見る能力が発達しているといわれています。もし男性の方が自分よりもトータルコーディネートが得意だと思うのなら、ごちゃごちゃした家の整理を、口出しすることなく、思い切って男性に任せてみてもいいかもしれません。

女性は家事が下手だと言われても、落ち込んだり、プライドを傷つけられたと思う必要などありません。相手は鏡ですから、それは自分のことも含めて言っているはずです。

協力し合って楽しくやるのも方法です。

我が家でも、夫はかなり積極的に家事をこなしてくれていたので、亡くなったあとは大変です。心から主婦が欲しいと願ってしまいます。

「男のくせに」とか、「女のくせに」という言葉を聞かされて育った人たちは、かなり強く「男はこうあるべき」「女はこうあるべき」というプログラムがインプットされている可能性があります。

こういったプログラムから、思い切って自由になりましょう。

そうすれば、あなたの心も、重荷を下ろしたように楽になるはずです。

41 「美人でなきゃダメ」「もっとやせたい」「外見コンプレックス」を作るプログラム

不思議なことに、モテる女性、モテすぎて誰を選んでいいかわからない、という贅沢な悩みをお持ちの女性は、決してスタイルがいいとか、美人というわけではありません。「ブスでは誰も振り向いてくれない」とか、「デブでは相手にもされない」というのも、誤ったプログラムです。

ところが、女性誌の、「こういう女が素敵」とか、「こういう女がモテる」というモデルさんや女優さんと自分とを比べてしまい、「外見コンプレックス」にとらわれてしまうのが女性の哀しいところ。

同じ雑誌には、ダイエットやメイクに関する情報があふれています。上手くコンプレックス商法にのせられてはダメですよ。実際は全くちがうのですから。

まずモテることより、本気で好きになってもらえる人を目指しましょう。それには、勇気を出してありのままの自分を素直に表現する必要があります。偽りの自分を演じ続けるのは困難ですから、本気で好きになってもらうことも難しいです。

男性だって、女性だってもちろん美しい異性には惹かれます。でも、その人と真剣に付き合いたいかは別問題です。外見コンプレックスからまったく自由で、自分をオープンにしている女性は、いい加減な気持ちで声を掛けられてしまうことが少なく、真剣な思いを持ってくれる相手だけを引き寄せます。

気持ちに裏表がない人は周囲の人に清々《すがすが》しい感覚と、安心感を与えます。誰にとっても心を解放できる関係をつくる素敵な相手となるはずです。

もちろん、何を考えているのかわからない、謎めいた人に惹かれる人もいるでしょう。人間には豊かな好奇心がありますから、謎の多い人に旺盛な好奇心を刺激されれば、そこから目が離せなくなってしまうんですね。

だからといって、ミステリアスな女性を何とか演じようとすると、やっぱり幸せになれません。本気で向き合ってくれる相手を求めているのなら、「モテる女性」を演じるのではなくて、ありのままの自分を好きになること、大事にすることが一番の早道です。

昔見た、『結婚はうそつきの始まり』というイギリス映画には、素敵なセリフがいっぱい出てきます。

主人公は、周りからはプレイボーイだと思われて婚期を逃してしまった貴族の男性。でも実際は、困っている女性がいると、助けてあげずにはいられない心優しい男性なんですね。そういう事情をよく知っている彼の無二の親友の妹と、最後には結婚することになるのですが、彼からのプロポーズに対する彼女の返事が、とっても素敵なんです。

「あなたにお願いがあるの。一つでもあなたの欠点を、なくさないでね。私はその欠点も含めて愛しているのだから」

欠点も含めて全てを愛している。愛とは本来そういうものであるはずですね。

大人の恋愛は素敵です。

あなたも「外見コンプレックス」から自由になれば、きっとあなたの欠点もすべて含めて愛してくれる相手に出会えるでしょう。

そのためにはまず心をオープンに。素敵な女性を演じようとしたり、格好をつけたりせず、自分に誠実であろうとすることです。

42 「理想の女性を演じなければならない」というプログラム

さまざまなプログラムに翻弄《ほんろう》されて、恋愛に疲れてしまっている人が多いように思います。そんな状態のときには、自分の純粋な気持ちがわからなくなっています。

そこでこんな問いかけを自分にしてみてください。

これから誰かと二人で、無人島で生きていかなければならなくなりました。パートナーに選ぶとしたら、どちらのタイプがいいでしょうか?

1　優しくて、いつもあなたに気を遣ってくれるような親切な人

2　自分自身に誠実で、嘘をつかない人

あなたはどちらでしょうか?

あなたに対して気を遣ってくれる相手となら楽しく生きられそうに思いますが、そういう相手は、あなたに対しても無意識に同じことを要求するようになります。それに最初の

うちはよくても、そのうち余計な気を遣わなければならない関係に疲れてきます。

自分に誠実で、嘘をつかない相手を選ぶ方が、余計な詮索は無用ですし、案外上手くいくものです。余計な気を遣う必要もないし、ものごとがシンプルになります。なんと言っても無人島にたった二人なのですから、誰が相手でもある程度息が詰まってくるはずです。そのときに、シンプルでいられた方が圧倒的に楽ですね。

実は、これは相手を選ぶときの重要なメジャーになります。パートナーシップは、基本的に逃げ場のない（逃げてはいけない）二人の世界です。だから無人島に二人きりと同じことです。ですから、ずっと二人でいても楽しく過ごせる相手で、自分についてもっと深い部分を知るチャンスをたくさんつくってくれる嘘のない相手が理想です。

男性も女性も、パートナーには、どんなときも、自分をまるごと受け止めてくれる、親の愛のようなものを求めようとします。

ですから**大切なことは、自分をよく思ってもらうことではありません。むしろ欠点も含めて、まずは自分から相手を１００％受け入れようという気持ちなのです。**

43 浮気を繰り返す男性（女性）のプログラム

浮気を繰り返す男性（女性）には、失うことへの恐怖、つまり「喪失感」がプログラムされています。

自分は何かを得ることができないという恐れから、彼、もしくは彼女もいつか自分から離れていくのではないかという不安が、頭から離れません。そういった漠然とした恐怖感が、無意識のうちに、スペアを用意させようとするのです。

しかし、スペアの女性（男性）にも情が移ってくると、その女性（男性）を失うのが怖くなり、また次のスペアが必要になってきます。そうやって次々とスペアを作ろうとします。しかし、彼（彼女）自身に「失うのではないか」という不安があるため、その女性（男性）も去っていってしまうことが多いのです。

こういった実りのない関係をつくらずにはいられないのが、浮気っぽい人の典型的なパターンです。

今付き合っている相手に足りないものを次の人に求め、さらにそれでも足りない何かを次の人に求め続けますが、全てを満足させてくれるような人には出会えるはずもなく、全ては徒労に終わります。でも、そんなことを繰り返したくありませんよね。


あなたは気づいていないかもしれませんが、**相手に求めているものは、実はあなた自身が自分の中に持っているものなのです。そして、それを表に出しさえすれば、あなたの求めている人を引き寄せられます。**逆に言えば、自分に持っているものを表現しなければ、自分の望む人にはなかなか出会えません。

たとえば、あなたが「優しくしてほしい」と思っているだけだと、優しそうに見えて、実は優しくない人を引き寄せてしまいます。

あなたと同じように、「相手に優しさを求めている人」を選んでしまうのです。

しかし、そのことに気づき、あなたが自分の中にある「優しさ」を表現することができれば、あなたと同じように、深い優しさを持っている人に必ず出会えます。

そしてもう他の誰かを求めて浮気をすることもなくなるでしょう。

44 「恋愛は4年で終わる」というプログラム

よく「恋愛は4年で終わる」と言われます。確かに普通の恋愛なら、そういうこともあるかもしれません。なぜなら、3年も付き合うと、女性なら結婚を考えるものだからです。結婚をゴールに設定した恋愛は、結婚相手として相応しくないと判断したら、できるだけ早く相手を変えた方がいいと思うのは当然でしょう。

また、「結婚して4年もすれば愛も冷める」と言われるのは、お互いに変化していかないから。相手に対する好奇心が湧かなくなることが大きな原因です。

「恋愛」には常に相手を知ろうとする好奇心が必要なのです。

好奇心が刺激されなくなると、お互いのマイナスポイントばかり目に付くようになってしまいます。これでは情熱が冷めてしまいます。

ところが、一緒にいることによって、お互いの成長が促されれば、当然お互いにどんどん変化しますから、好奇心が褪《あ》せることはありません。

また、自分たちが変われば、その投影である現実も、人間関係も大きく変化して、次々新しいチャンスが転がり込んできます。

こうして人生がよい流れにシフトします。思いもよらなかったいいポストが転がり込んできたり、昇進できたり、やりたかった仕事を頼まれることになったりします。その因果関係がわかれば、奇跡をどんどん起こせるでしょう。

人生で達成したい夢があるのなら、自分のコンプレックスから目をそらしてはいけません。それを受け入れ、乗り越えていくことが、目標を達成する近道です。あなた自身の鏡となって、コンプレックスを一緒に乗り越えていってくれるようなパートナーがいれば、夢は必ず実現できるはずです。

パートナーシップとは、本来そういうものなのです。

あなたを成長させてくれる恋愛には、終わりなどありません。

45

「愛している」と言えないプログラム

恋愛はコントロールゲームではありません。

相手を自分の思い通りに動かすことが、恋愛の極意だと勘違いしている人が多いのは、本当に残念なことです。

こんなふうに思えてしまうのは、誰かを本気で好きになる経験がないからかもしれません。本気で好きになった相手をコントロールしようなんて思えるものではありませんから。

つまり、まだ本当に向き合える相手と出会っていないということです。

真のパートナーと出会った人たちは、それまでとは全く違う自分を発見するはずです。

人からどう思われるかいつも気になってしまう私が、彼にだけは素直なままの自分を見せられるとか、常に勝ち気でイニシアティブをとっていないと気に入らないのに、彼女の意見は不思議と素直に受け入れられるというようなことが次々起きて、自分の意外な側面に困惑したりします。

そして、通常の恋愛との最も大きな違いは、心から「愛している」と伝えたい気持ちでいっぱいになることです。

通常の恋愛では、決して自分からは「愛している」なんて言えないというプログラムが作動して、相手の様子をうかがってしまうのに、真のパートナーには、気づくと何度でも言っています。

特に感覚的な女性はそうなりやすいところがあるので、精神が高ぶって何日も眠れなくなることもありますが、心配ありません。

傷つきたくないという気持ちは誰にでもあるもの。特に、自分が本当に好きな相手から傷つけられた経験があると、また同じことを繰り返すのではないかと不安になり、自尊心を守るために自分の本心を必死で隠そうとします。

でも、「本当に好き」だと思う相手と、真のパートナーは違う可能性が大です。

真のパートナーには、猜疑心も自己防衛も通用しません。

あなたのスピリットがそんな壁を壊してしまうのです。

でも、真のパートナーと出会うために、相手が親でも兄弟でも親友でも、心から愛しているのなら、言葉を惜しむことなく「愛してる」と言ってみるといいですよ。

もう何年も言っていないことに気づいたのなら、まずあなたから言葉に出してみる、たったそれだけのことで、意外と大きな変化が起きるものです。

第6章

女性性エネルギーと
男性性エネルギーの使い方

46

女性性エネルギーと男性性エネルギー

皆さんのイメージする女性らしさや男性らしさって何でしょう？

女性は優しくて、男性について行くようなイメージで、男性は強くたくましくて包容力があり、女性を守るようなイメージが理想かもしれませんね。

そして、男性も女性もある程度、この理想像に当てはまらないことにコンプレックスを感じています。

男性にも女性にも、男性性エネルギーと女性性エネルギーの両方が備わっています。

まず、男性性エネルギーは直線的なエネルギーで、単発的であり、瞬間的でもあります。

決断力、実行力、実現化を促すエネルギーです。

これに対して、女性性エネルギーの方は螺旋《らせん》を描くようなエネルギーで、継続的で長期的です。創造性、育てる（この場合は子供に限らず植物や動物をはじめ、新しいプロジェクトや社会、あるいは会社などのグループも含まれます）、癒す、つながる、分かち合う、協調する、ということを促してくれます。

一見すると男性性の方が強いイメージを受けるのは、より直線的エネルギーであるために急速的でストレートなイメージになるからで、決して強いわけではなく、むしろ繊細です。

それに対して、女性性エネルギーは、いつもカーブを描いているために急速的なイメージではありませんが、非常にパワフルなエネルギーと継続する粘り強いエネルギーを共に含んでいますから、女性の寿命が長いのもうなずけますよね。で～んと構えて強いのは女性性エネルギーなのです。

だからといってそのまま「女性＝強い」の式は当てはまりません。

男女関係なく人によって、男性性エネルギーの方が使いやすいとか、女性性エネルギーを使うのが得意という癖があり、男性でも女性性エネルギーを多く使っている人は、女性の中にいても違和感がありません。

その逆で、女性なのに男性の中にいた方が自然な感じがするという人もたくさんいますが、これは女性であっても、男性性エネルギーを使うのが得意なためです。

これには、先天的な性格や性質といったものから、根深いトラウマなどさまざまな原因がありますが、単純に選んだ職業が女性性エネルギーをたくさん必要とする職業だと、女性性エネルギーに偏《かたよ》っていきます。

私が見ているかぎりでは、芸術家、デザイナー、美容師、ライター、建築家、ダンサー、俳優、華道、茶道、書道家などクリエイティブな職業はもちろんですが、他にも一人の力ではなれない代議士や、技を継承する伝統工芸家、基本的に育てる仕事の農業、酪農家、教師などは、女性性エネルギーを多く必要とする職業です。だから、男性でも女性っぽい側面を持った人が多い印象を受けます。

これに対して男性性エネルギーを多く必要とする職業は、昔に比べて圧倒的に減っています。特に都会での生活の中ではほとんど見当たりません。

ほとんどの職業は、どちらの性のエネルギーも必要で、その時々で使い分けなくてはなりませんから、どちらか片方のエネルギーを使う癖や、使えないトラウマなどがあると、成功を妨げることになります。

実は、恋愛でも同じことが言えるのです。

自分の中の性エネルギーのバランスが悪いと、女性は女性であることを自由に表現できません。

男性も同じです。だから、男が男らしくあるためにも、女が女らしくあるためにも、女性性エネルギーにも男性性エネルギーにも、コンプレックスを持っていないことが大切です。

もう少しわかりやすく説明しましょう。

私たちは意識していなくても日常生活の中で、性エネルギーをたくさん活用しています。

たとえば、あなたの目的を実現化するとき、目的とする物事を設定するとき、あれこれ考えたり分析している間は男性性エネルギーを使い、それを具体的にイメージするときは創造性が必要になるので、今度は女性性エネルギーを使います。

さらに、どんなやり方で実行に移そうかというアイディアは女性性、これを、決断し、実際に行うのは男性性、そして達成するまで続けるのは女性性エネルギーという具合です。

ですから、男性であるなら、夢に向かって突き進むには、両方の性エネルギーを必要とするし、女性が優しさを遺憾なく表現するには、母のような包容力が必要になりますが、これも、確固たる決意や実行力なくしてはできないので、どちらのエネルギーも使わなくてはなりません。


そして、最高のパートナーを引き寄せるために、**男性であれば、無意識に女性性エネルギーが健全な人を求めるのは当然ですし、女性であれば、無意識に男性性エネルギーが健全な人を求めるのは当然です。**

そして、実際あなたが引き寄せることのできる人は、必ず自分の鏡といえるような同じ要素を持つ人ですから、やっぱりあなた自身の、男女どちらの性エネルギーも健全でなければならないのです。

自分の性エネルギーのバランスをチェックしてみましょう。

47 女性であるあなたが持っている女性性エネルギーに対するコンプレックス

女性であるあなたが、女性性エネルギーを豊かに放出して、女性としての幸せを経験することは最も重要なことですが、女性性エネルギーにコンプレックスを持っている人は意外と多いのです。

その身近な原因を探ってみると、最も多いのは、自分自身の両親の関係性の影響です。両親の性エネルギーのバランスが上手くいっていなかったために、常に二人が不満を抱えていたら、自分の性エネルギーを上手く発揮する学習ができなくなります。

また、お母さんに自分がしてほしいことをしてもらえなかったという不満が残っていたり、兄弟が多くて、母親を独占することができなかったりすると、自分でも気づかないうちに女性である自分を否定してしまいます。

もう一つは、自分が女であることが、非常に不利であると感じている場合です。女であるというだけの理由で理不尽な目にあってきたという過去や過去世でのトラウマであったり、母親が女性としての幸せを経験していないのを目《ま》の当たりにして育ったりすると、自分が女性であることを潜在的に疎ましく感じます。

これらのことに心当たりがある方は、自分の内側としっかりと向き合ってみる必要があるでしょう。

ここで、くれぐれも注意していただきたいのは、正しい答えを望まないことです。お母さんには感謝しなくてはいけないなんてことは、全く考えないでほしいのです。

質問1「あなたは、女性であることを喜んでいますか?」
2「もし、喜んでなかったとしても、悲観的ではないですか?」
3「あなたは、お母さんに何かしてもらいたいことがありますか?」
4「あなたは、お母さんが好きですか?」
5「あなたは、お父さんに何かしてもらいたいことがありますか?」
6「あなたは、お父さんが好きですか?」

7「あなたは、自分の子供が欲しいですか?」
8「自分の子供をどんなふうに育てたいですか?」

あなた自身の中にも実は、インナーマザーと言われるお母さんの意識を持っています。この意識は母性本能とは違って、誰かほかの人に向けられるためだけではなく、自分自身にとっての母なる部分なのです。その意識に対する信頼感がないと、安心を得ることができず、何となくいつでも落ち着かなくて、心穏やかに過ごせません。そして、インナーマザーの力に信頼がないと、実家に住んでいる間は、現実のお母さんにも投影します。これらの質問を通して、インナーマザーに信頼感を持っているかどうかをチェックしてみてください。

質問に対するあなたの正直な回答はいかがですか?
質問4、6で両親が大好きとか大嫌いと思った人は要注意です。どちらか片方だけが好きだったり嫌いだったりという場合も、同じように注意すべきでしょう。
これはあなたのコンプレックスを表していますから、あなたが自分自身のインナーマザーにコンプレックスを持っている可能性があります。「う～ん別に好きとか嫌いとか、考えたことないし……」という方は、おそらく大丈夫でしょう。

さて、では質問3、5で、母親や父親にしてもらいたいことがスラスラと出てきた人は、それがトラウマ化して潜在意識に潜り込んでしまうほどではないので、さほど心配なことはありません。

ただ、言葉にならないような不満が込み上げてきたり、「絶対に世話になんかなりたくない！」と心から感じる人は注意しましょう。

次に質問7、8の自分の子供が欲しいかどうか、どんなふうに育てたいかという質問ですが、これらにはあなた自身の純粋な気持ちが表れています。

あなたの本当の気持ちや純粋な思いを自分で認めてあげられる人は、子供はいてもいなくてもよいと思う人が多いです。

また、子供の育て方で何か具体的なことが思い浮かぶ人は、自分を大切に育てていこうというインナーマザーが、しっかりあなたの中で活動していますから安心してください。

48 女性であるあなたが持っている男性性エネルギーに対するコンプレックス

こちらは非常にダイレクトに、あなたの異性関係に反映します。

女性が男性性エネルギーにコンプレックスを持つ原因となるのは、多くの場合父親との関係性です。

たとえば父親が非常に厳しくて、たくさんの規則に従わされて育つと、あなたはありのままの自分を自由に表現することを恐れるようになり、何らかの規則に縛られていないと不安さえ感じるようになります。

さらに、自己評価は非常に低くなってしまいますから、自分でも「私にそんなことできっこないわ」などと思ってしまうパターンを作ります。

その状態で引き寄せる男性は、やはり厳しくて、あなたに対する評価も低くなります。

逆にお父さんが非常に甘くて、しつこいくらいあなたをかまってくれて、うっとうしく感じていたりすると、あなた自身のお父さんに対する評価が下がってしまい、ついつい男性をバカにしてしまいがち。ですから、やっぱりあなたがバカにしてしまうような男性を引き寄せることになります。

よく自分の父親みたいな人とだけは結婚したくないと思っていたはずなのに、結婚したら父親そっくりだったという話があるのは、そういう図式なのです。

また、過去世で男性に散々な目にあっていたり、逆に自分がどうしようもない男性だったことが原因の場合もあります。

覚えておいていただきたいのは、過去であってもどんな現実も、自分自身がつくり出しているということです。ですから、両親やそれ以外の人を恨むのは筋違いで何の解決にもなりません。

過去世で起きたことを思い出すために、今の父親やパートナーを選んだのはあなたです。「う~ん、そうは思いたくない」という抵抗感はよくわかりますが、自分を変えなくては解決できません。

さてどんな理由であれ、**あなたが異性に抱くコンプレックスは、そのままあなたの内面の父性であるインナーファーザーの反映です。**

ですから、父親やそれ以外の男性に対する不信感や嫌悪感などは、そのままインナーファーザーに対する不信感といえます。

そして、男性性エネルギーは滞《とどこお》る状態になります。

このような状態になると、何事も自分で決断することができなくなって、優柔不断になったり、依存性が高くなったり、うだうだといつまでも考えてばかりいて実行に移すことができなくなります。

そして一番大きな問題となるのは、チャレンジ精神を失うことでしょう。

インナーファーザーはいつでもあなたを守ってくれる偉大なるお父さん。

「大丈夫だよ、思い切ってやってごらん、失敗してもお父さんのところへ帰ってくればいい」「何度でもやり直せるよ」と言ってくれる部分ですから、あなたにとって後ろから見守りつつ後押ししてくれる大きな意識です。

これを活用しないなんて、人生を棒に振ってしまうくらいもったいないことですよね。

49 女性であることを選んだあなたが両方の性エネルギーをバランスよく使うために

ここまでの内容で、自分のインナーファーザーやインナーマザーに対するなんらかのコンプレックスがあると感じた人は、そのことに気づけた時点であなた自身を大きく変え、人生をも大きく変えるきっかけをつかんだことになります。

幸せな恋愛を阻《はば》む最大の原因は、性エネルギーのアンバランスであり、これを生み出している意識の問題は、インナーファーザーとインナーマザーに関わっています。

だから、あなたが自身を取り巻く現実を変え、女性としてこの星にやってきたことに心から感謝できるような素敵な恋愛をするために、あなたの意識を大改造していきます。

【そのための有効な方法】

まず、リラックスしている状態で軽く目を閉じて、あなたの現実の両親とは違う、理想のインナー両親を思い描いてみましょう。

この段階ですでに父親か母親どちらかに抵抗感を感じたり、なかなかイメージできない場合は、やはりあなたがインナーファーザー、マザーどちらかに不信感を抱いているのでしょう。でも、そこでがっかりしたり、自分を責めたりしないでください。

そして、次に大切な点ですが、イメージしたあなたのインナー両親に、

「私は、私自身の母なる意識との強い信頼関係を取り戻します」
「私は、私自身の父なる意識とのゆるぎない信頼関係を取り戻します」

と宣言してください。

この気持ちがあなたの本心であることが大切です。

あなたをいついかなるときにも大切に守ってくれて、大いなるスピリットの意識につなげてくれる大切な役割を持つ内なる両親との強い絆を、もう一度取り戻そうという強い決意を持って宣言してくださいね。

最後に、イメージしたインナーマザーと自分自身を一体化してください。

これをイメージするのが難しい人は、「一体となります」と言葉で指示してください。インナーファーザーに関しても同様にやってみてください。

このスキルを続けていくうちに、あなたの中で内なる両親がパワフルに復活してくれます。あなたの中で男女の性エネルギーはバランスを取り戻し、あなたの実際の両親との関係性に変化が現われます。普段は褒めることなどないお父さんに褒められたり、お母さんがいつになく穏やかで優しくなったり、嬉しい変化が起こります。

もちろん、彼との関係性も変化します。今まで「頼りにならないなー」と感じていた彼が、「最近めっきり男らしくなったなあ」と感じられるなど、彼の態度に変化が現われます。もしまだ彼がいないなら、きっと健全な性エネルギーを持った、素敵な彼を引き寄せることになるでしょう。

インナーファーザーやインナーマザーがパワフルに存在することを確認できたら、あなたの性エネルギーは思いのままに使えているはず。

あなたの輝く未来をクリエイトするために、自信を持ってどんどん使ってください。

50 男性であるあなたが持っている男性性エネルギーに対するコンプレックス

あなたが今世、男性として存在していることには、当然大きな意味があるはずです。

それなのに、ほとんどの男性が男性性エネルギーにコンプレックスを持っていると言っていいのも確かです。

これはあなたが、今世男性を選んだ理由でもあります。

父権社会が確立されてから、実は男性は常に矛盾を抱えています。

本来男性性エネルギーは直線的で単発的なものですから、協調し合う集団生活には向いていません。ですから、男性が社会生活でリーダーシップをとっていくには、どうしても女性性エネルギーを多く使わなくてはならないのです。

多くの男性は、過去世で男性であったとき、自分の中で性エネルギーが葛藤し、鬱積している男性性エネルギーをコントロールすることができなくなり、無駄な殺生《せっしょう》や自分の野望のために多くの人を犠牲にしたり、女性を力で支配した経験を持ちます。

そのため、今世では自責の念に苦しんだ過去から自分自身を解放し、本当の意味で豊かで成熟した男性性エネルギーを使って、男性としての自分を表現しようとしています。

この点で女性を選んだ人と男性では、大きく違うのです。

ですから男性が、壮大なロマンスを抱く性質が強いのは当然のことと言えるでしょう。


さあ、あなたは男性性エネルギーをどう感じているのでしょうか?

特にあなたの男性性エネルギーに対するコンプレックスに強く影響するのは、父親との関係性です。いくつになっても絶対服従的な関係性を崩せずにいたり、逆に反発心を強く感じて、いつまでも反抗期のような態度をとってしまうのは、わかりやすいケースですね。


では少々厄介なケースを見ていきましょう。

あなたが、自分の父親に非常に他人行儀な態度しかとれない場合はちょっと複雑です。

この場合、あなたの潜在意識は何らかの原因があって父親を危険な人物だと認識している場合が多く、あなたは父親の前で油断することは許されません。

その原因は、ごく幼い頃の父親による暴力であったり、自分が暴力行為を受けなくても、お母さんに暴力を振るう姿を見てしまったということにあります。それ以外には、過去世で敵同士やライバル同士などの関係性を持っている場合もあります。

これは、あなたのインナーファーザーに対する不信感ですから、女性の男性性エネルギーに対する場合と同じように、チャレンジ精神を失い、何に対しても消極的で保身的になってしまいます。

あなたが自分のインナーファーザーに不信感を抱くに至ったには、それなりの理由があるはずです。あなたの意志しだいでいくらでも変えることはできるので、どうか傷ついた自分に向き合う勇気を持ってください。あなたのインナーファーザーへの不信感を見つけただけでも、変化の兆しを感じられるはずです。

もしあなたが、今はっきりとした将来の夢や目的に向かって積極的にチャレンジしていて、しかもそのプロセスを十分に楽しめるならば、あなたのインナーファーザーはかなり活躍してくれていますから大丈夫でしょう。

51 男性であるあなたが持っている女性性エネルギーに対するコンプレックス

これは大概の場合、自分の母親との関係や両親の関係に原因があります。

そして、女性の男性性エネルギーに対する場合と同じように、恋愛に直接影響しますので、改善するチャンスは多いのですが、後回しにされてしまう場合が多いようです。

しかしこの際、恋愛の優先順位を上げてみてください。

実はそうすることが何よりも人生を成功に導く近道なのです。

現代社会での成功には、女性性エネルギーと男性性エネルギーをバランスよく使いこなすことが必要ですが、あなたがそれを訓練するには恋愛が一番わかりやすい手段です。

そして、**恋愛関係が上手くいけば、必ず全ての人とのコミュニケーションが上手くいくようになります**から、社会生活にも反映されていきます。

あなたの母親は、あなたにとってどんな存在でしょうか?

母親が偉大すぎると、それに匹敵《ひってき》する女性を探すのも大変ですし、「おかんとなんか比べていない」つもりでも、潜在的にはいつも比較しているのが自然です。

全ての男性は母から生まれているのですから、その意味では全ての男性がインナーマザーにコンプレックスを持っている可能性があります。


両親の仲が悪い場合も、深い傷を持って育つ男性が多いようです。

たとえば、父親が母親に暴力を振るった場合は自分自身の男性性に恐れを持ち、母親を守るためにも一緒になって、父親に服従してしまうケースが多いようです。

そして、インナーマザーは、本来あなたをどんなときにも強く導いてくれるはずなのに、実の母にそれを期待できないと、インナーマザーに対する信頼も失ってしまいます。

反対に母親が強くて、父親はいつも辛い思いをしている場合は、自分も父親と同じ性であるだけに、父親同様に否定されるのを無意識に恐れて、自分の男性性エネルギーを否定しますから、インナーファーザーはすっかり権威を失いしょんぼりしてしまい、当然インナーマザーに対する信頼もありません。

あなたが自分自身の内なる母の意識をしっかりと回復させて、女性性エネルギーを自在に使いこなせれば、現代社会での成功は当然のことです。

52 男性であることを選んだあなたが両方のエネルギーをバランスよく使うために

あなたが男性という形を選んでこの星にやってきたのは、女性以上に深い意味があることは先述した通りですが、だからこそ、あなたが男性として本当に満足できる人生を創造することは、あなたの過去一切の経験を救い、あなたの全ての先祖の思いを実らせるような意味を持っています。

あなたが受け継いだ遺伝子の情報は、全ての祖先から託された希望です。そして、**あなたのオーラに刻まれた過去世からの全ての情報は、今世の自分への希望です。**

あなたが、ここで夢を実現化することは、あなたが思っているよりずっとずっと大きな功績なのです。

さあ、勇気を持って傷ついた自分に真正面から向き合ってください。

リラックスしている状態で両手の手の平を上に向けて、太ももの上にのせます。

そして、3回ほど深呼吸してみましょう。

息を吐くたびに、あなたの疲れやフラストレーションが出て行き、息を吸うたびに新しいエネルギーがあなたに入ってきます。


今まであなたが出会った全ての男性に、あなたの右手に乗るように指示します。もちろんその人のことを覚えていなくても大丈夫です。何もイメージする必要もありません。

今まであなたが出会った全ての女性に、左手に乗るように指示します。

右手はインナーファーザーとつながり、左手はインナーマザーとつながるように指示して、最後に両手を合わせながら「全ての調和をとります」と心の中で言ってください。


どうぞ、毎日とは言いませんが、3日に一度くらいはやってみてください。

必ずあなたの女性性エネルギーと男性性エネルギーのバランスを回復して周りの現実に変化が起きますから、楽しみにしていてください。

53 女性の役割、男性の役割

男女同権の今、男も女もないだろうという考えもありますが、皆さんが男性であっても女性であっても、それには何らかの理由があり、あなた自身が強く望んだ結果です。だから、それぞれの役割をしっかりと経験し、それぞれの性を知ることによって、あなたが選んだ性を自由に表現し、幸福を得ることができるのです。

ではそれぞれの役割をご紹介していきましょう。

まず、女性の役割は一言で言うと「影のリーダーシップ」です。

現実的には、今度どこに行こうかなど二人の行動を積極的に決めるのが女性でも、相手の内面に深く切り込む発言をしたり、態度をとるのは男性側です。

これを受けて女性は決して戦闘態勢に入ってはいけません。あくまでも、自分の内側に向き合って自分の傷を見つけて癒すのです。

これは決して女性の一人ゲームではありません。

女性の傷が一つずつ減っていくに連れて、奇跡のようにパートナーの傷も少しずつ癒されて、恋愛に対する抵抗感や恐れもなくなっていくのを感じることができるでしょう。


男性は傷ついて生まれてくる人が多いのです。

もちろん本人だってそうとは知らずにいるのですから、「どう見たって傷ついているようには見えないわ」と思うような男性でも傷ついています。

その分臆病で、人を信頼することもなかなかできませんから、心を開放してくれるまでには時間がかかります。異性に対しては、本当に向き合うとなったら及び腰です。

だからこそ、女性は、その分を差し引いてスタートしてみましょう。

その分を差し引くというのは、まず、女性が黙々と自分の傷を癒して、相手の全てを受け入れるように心がけることです。

といっても、心の中はいつも炎のようにメラメラと悔しさや怒りがこみ上げますが、そこをじっと耐えて、悔しいと思う原因や怒りの原因を、相手ではなく自分自身の内面に見つけていきます。

そして、女性は広大な宇宙になったように、全てを包括できる大きな存在になっていくイメージを、いつでも持っていられるように練習してください。

このプロセスは、残念ながらそんなに短くはありませんが、自分も相手も傷が多ければ多いほど時間がかかりますし、中途半端な取り組み方をすると、もっと時間がかかってしまいますよ。

これが「影のリーダーシップ」の役割です。

あとは彼の態度や発言などに変化が見られたら、それは、あなた自身の傷が癒えている証です。あなたが長い間待っていたパートナーに変身する奇跡を楽しみに待ちながら、その調子で続けて行きましょう。

これに対して男性の役割ですが、何もかも「本音」を突き通す「表のリーダーシップ」しかありません。

相手の機嫌を取っていたら、ずーっと取り続けなくてはいけませんから、そんな嘘の関係は長くは続きません。あなたが彼女に誠実であるためには、自分自身に誠実であるしかないのです。そして、この段階で別れることになるのなら、むしろ正しい選択でしょう。

ところが、もし彼女があなたの魂やスピリットが約束した相手であれば、どんなことがあっても別れられないのです。

あなたがどんなにキツイことを真っ正直に言ってしまっても、決してあなたの感情的な物差しで見たものではなく、それが真実なら大丈夫。彼女はそれを真摯に受け止めて、ちゃんと自分自身に向き合って解決すると、またあなたの元に帰ってくるのです。これがあなたにとって待ち望んだパートナーです。

あなたは日頃、肩書きでのお付き合いが多くて、一人の人間として本音で付き合える相手がいなかったり、チャンスがなかったりするかもしれません。ですからこのようなリレーションシップの中でしか、自分自身の健全な魂やマインドは取り戻せないのです。

「本音」で誠実な表のリーダーシップをとってみてください。

あなたが思うほど、女性は弱くも怖くもありませんよ！

54 チャンスを与え合う関係

本来パートナーシップは、現実を共有し合いながらお互いの違った視点や感性を分かち合うことで、自分自身の気づかなかった力や才能、性質、あるいは深い傷などに気づくチャンスを与え合う関係です。そして、これが一番の醍醐味です。

あなたが向き合うべきパートナーと出会ったとしたら、それは、あなたが自分の奥底に押し込んでしまった、別の性質や価値観に、気づくべきときがきたこと、その性質を再び活用することで、より豊かな人生を切り開くことができることを、パートナーを通してあなた自身のスピリットが教えようとしてくれているのです。

何もかも違う相手を引き寄せることは不可能です。これも「同種を引き寄せ合う」という宇宙の法則で、誰も逆らうことはできません。

多くのパートナーの関係は、スピリットが表裏の関係を利用するので、表面的には何もかもが違うように感じられるかもしれませんが、あなたが表に出している性質を、パートナーは裏側に必ず全て持っています。

このことを理解して、パートナーが表に表わしている自分と違う側面に、素直に向き合えば、自分に潜在している側面に気づいたり、自分で認めたくない性質を認められるチャンスとなります。

そして、あなたがその性質に向き合っていくうちに、だんだん意見の衝突などがなくなります。

時間をかけて、じっくり取り組む根気が何より大切ですね。

第7章

別れが訪れるとき

55 相手が本気でないのはわかっているのに別れられないとき

相手が本気でないのはわかっているのに、どうしても別れられないときもあるものです。このままでは自分は傷つくに決まっているから、傷が深くなる前に別れなくちゃと焦《あせ》れば焦るほど離れられない……。

こんなとき、まずは「スピリットは、私にどうしろって言うのかしら?」という疑問を持ってみてください。

スピリットはあなたにとって有益なことしかしないはずですから、その意図を見つける作業にとりかかりましょう。

たとえ相手がどんなに不誠実で、いいかげんでも、あなたが真剣に向き合う必要がある、何らかの理由があるのかもしれません。

まず、自分の気持ちの深いところにある、相手に対する純粋な感情や感覚を探っていきましょう。たとえば、恐怖、不安、損をするかも、バカにされているような気がする、といった感覚が次々と出てくるうちに、「騙されるのではないかという恐怖心」があることに気づいたとしたら、なぜそう思ってしまうのかを思い出してみてください。過去に騙された経験があるからという理由なら、騙される理由はあなたにあるはずなので、そこを探ってみましょう。

そこにあるのは、自己不信であるはずです。どうしても「どうせ自分なんか」という、なかば恨みのような感情がトラウマ化している場合もあります。

これは、あなたの幸福を邪魔し続ける根深いプログラムですから、あなたのスピリットは、かなり強引なやり方で直したいと思っているでしょうね。

だとしたら、その不実なお相手は、あなたにとって素晴らしいチャンスを与えてくれるキーパーソンとなるでしょう。

どんなに相手に騙されていると感じていても、あなたは誠実を貫きましょう。

相手の心に必ず変化が起きますよ。あなたの純粋な感覚や感情は豊かなエネルギーとして、相手のハートに注がれ、思いもよらない変化を促すでしょう。

56 嫌いではないけど、情熱的になれない人と別れられないとき

あなたがあまり情熱的になれずに、どこかで醒めているのに、別れる決心がつかないときは、どうしたらいいのでしょう？

そんなときも、同じように考えてください。別れられないのには、それなりの理由があるはずです。

同様に「スピリットは何に気づかせたいのかしら？」と考えてみましょう。

「別れ話なんて可哀想で切り出せない」

「彼から嫌ってくれればいいのに……」

「もっとときめきを与えてくれる人が欲しい」

「一人になっちゃうのはさみしいな」

などと自分の思いを捉えて、さらに、寂しい、面倒くさい、考えると苦しくなる、など次々と浮かぶフィーリングを羅列《られつ》していきましょう。どんな些細な思いや感覚も、できるだけ逃さないようにしてください。

そして、絶対に自分をジャッジするようなことはしないこと。

これを続けていくうちに、何か特定のパターンやプログラムを発見できるようになるでしょう。

「この人を失ったら、次はないかもしれない」
「どうせ本当に好きな人には好かれないし」
「私なんかモテるタイプでもないし、この程度がお似合いかも」などと羅列していきます。

いつも悲観的なことを思う人は、自己評価が低いのです。これも、自己不信の一つのパターンですね。

逆に「何で私がこんな人といつまでも付き合っていなくちゃいけないのかしら」
「いくらでもチャンスはあるはずなのに……」

「本当に自分のお人好しにはあきれるわ」

と結構高慢な思いが飛び出す人は、自分のエネルギーを持て余し気味です。

エネルギーはたくさんあるのに、どうやってそれを使っていいのかわからない状態ですね。エネルギーは使わずにいると腐ります。だから、常に理由のない倦怠感《けんたい》があり、何事にもやる気が出なくなります。


いずれにしても、あなた自身の停滞しているエネルギーを動かす必要があります。

勇気を振り絞って、自分の正直な思いをなるべく客観的に相手に表現してみてください。

ここで注意していただくことは、「結論を出す」のが目的ではないということです。

相手はあなたと同じように傷つくのが怖いはずですから、いきなり防御壁をつくってハートを閉じてしまいます。

本題に入る前に、ゆっくりと、男女ではなく、人としてお互いの信頼関係ができるまで話をしていきます。

お互いをより深く理解して、信頼関係を築くためには、自分の感覚や感情を正直に表現する必要があるということをしっかりと伝えましょう。

このことが伝わるまでに、時間がかかることもありますが、焦らずにいきましょう。

相手のハートにあなたの放ったエネルギーが届くと、相手の感情にもちゃんとスイッチが入るでしょう。

また、相手を理解しようとすることも大切ですが、話をしている自分が何を感じているのかを見逃してはいけません。どちらかというと、こちらの方が大切です。

あなたも相手も、いついかなるときも自分優先です！　この姿勢を貫きましょう。

このように話していくうちに、お互いにどんどん自分の内側に向かっていきます。

その後、あなたが「やっぱりこの人じゃないわ」と思ったら、お別れすればいいし、逆に相手がそう思うかもしれません。結果は成り行き任せで大丈夫です。

どんな結果も、結果オーライであることを覚えておきましょう。

あなたが別れたくても、スピリットがあなたにとって絶対に必要な人だと思うなら、残念ながら別れることはできません。別れても、再び出会ってしまうのです。

ですから、安心して自分の気持ちに正直になってください。

57 不倫なんかやめたいのに別れるきっかけがないとき

これも、結果オーライです。きっかけがないということは、まだ別れるタイミングではないということです。

つまり、何かまだ気づくチャンスが潜んでいるということですね。

そのチャンスを無駄にしないように取り組みましょう。

あなたは、潜在的にも顕在的にも「悪いことをしている」という罪悪感を持っています。といっても、この罪悪感は道徳的倫理的なものではありません。

どこかで「別れなくっちゃ」と思っているということは、あなた自身が決して幸福ではないということですから、自分自身に不満を持たせていることに対する、つまり、「自分の尊厳を汚している」ことに対する罪悪感なのです。

これは、最も苦しいケースですね。

あなたのことを幸せにできるのは、あなたしかいませんから、それを怠《おこた》っているあなたは自分にとっての裏切り者です。だから、妻や夫を裏切る人を引き寄せるのです。

すぐに「別れる」という結論を出す必要はありません。

それより、あなたはせっかくの経験からギフトを受け取ることです。


まずは、あなたの純粋な感覚や感情を見つめてみるようにします。

「もっと一緒にいたい」

「ちょっとまじめな話になると、ごまかそうとしたり無視されるのはもう懲り懲り」

「もっと真剣に私と向き合ってほしい」

それから、あなたが望んでいることを思い出してみましょう。

叶わないとわかっていることを望むことは誰にとっても辛いので、いつしか自分の願いや望みを忘れてしまうのです。これを今一度思い出して、明確にしていきます。


さて、ここからがちょっと大変ですが、自分の幸せのためですから、やっていきましょう。一つ一つの願望を自分自身が叶えてあげているかの確認作業です。

会いたいと思っても、相手の都合を優先させているあなたは、**自分自身の優先順位が低くて、自分に対する評価が低いのです。**

こんなあなたのオーラサインを読み取った人にとっても、あなたの優先順位は低くなります。そして相手はあなたの鏡ですから、同じように自分自身の優先順位が低いので、たとえあなたに連絡したかったり、あなたと会いたくても、奥さん、またはご主人を無意識に優先します。

ここでちょっと誤解を解いておきましょう。

奥さん（ご主人）に弱いのは、罪悪感があるからだと思う方が多いのですが、そうではありません。

浮気をしているのにもかかわらず、偉そうにしている人もたくさんいます。

全ては自己評価の問題なのです。

あなた自身の自己評価を確認してみてください。

自己評価を上げると、もう二度と不倫はしなくなりますよ。

58 妻や夫を裏切る人を引き寄せないために

では、あなたの自己評価を上げるには、どんなことをしたらいいのでしょうか?

まず、シミュレーションしてみます。

「もし、私に自信が持てたら」とか、「もし、私が社交的で誰からも好かれるタイプだったら」という具合に考えてみるのです。


今までのあなただったら、今夜は会いたいと思ったときでも、こちらから電話もメールもできないしとか、急に言っても無理だろうと、我慢を重ねてきたことでしょう。けれども、自分には他にいくらでもチャンスがあるとしたらどうでしょう。最後にどのような感覚が湧いてくるのか感じてみましょう。

やっぱりあの人に会いたいと思ったら連絡してみましょう。たとえ相手を怒らせても、夫や妻にばれたとしても、自分を貫き通した結果は受け入れられるときが来ます。

自分の心に向き合う作業を続けていくと、あなたの中で変化が起こります。

こうなると、相手の態度が全く変わってきて、あなたを優先するようになったり、本気であなたとの関係を考え、改めて身の振り方を決めようとするときもあります。

もちろん逆もありますが、これも結果オーライです。

自分を癒したことによって変化したあなたは、相手にとってはまぶしすぎる存在になってしまったんですね。

だから、今度あなたが引き寄せる人は、自己評価の高い、あなたにピッタリ合った人でしょう。

59 長続きしない恋愛パターンの法則

恋愛が長続きしない理由は何なのでしょう。当然それは自分自身の中にあるのですが、飽きっぽい？　短気？　こらえ性がない？　気が多い？　理想が高すぎる？　いろいろ考えられると思いますが、共通して言えることは「他力本願」「受身」「依存型」など……自分自身が全ての現実をつくっているということを忘れてしまっている状態です。

長続きしないほとんどの理由は、あなたが女性性エネルギーを上手く使えない状態にあるか、お互いの関係が上手くいかなくなったときに「辛いから逃げよう」と、現実から逃避してしまうからです。

心当たりのある方は、比較的簡単に変えることができますが、ない方は、いつも同じ行動パターンになってしまいます。

何でも人のせいにしたがるタイプだと自分で感じている方は、「長続きしないパターン」の現実を創造している、プログラム探しから始めましょう。

まずは、自分が生きていることを素直に喜んでいるでしょうか？

この点をチェックしてみてください。

これは恋愛に限らず、全てのことが続けられない人の根本的トラウマとして多いものです。自分が地球で人間なんてやっているのは許せないとか、ショックだというトラウマです。このトラウマを持つと、いつも自分を被害者にしてしまいます。

「彼の転勤が海外なんてついていけるはずないし、もう終わりだわ」

「冗談じゃない、浮気をするなんて、私がどんなに傷ついたかわかるでしょ」

などという具合です。

私が悪いんじゃない、どうしようもなかったんだと、自分を正当化する要素があると安心するのです。

でも本当は、運命や宿命や相手が悪いのではなく、信じられないかもしれませんが、「自分が幸せになることが怖い」のです。

何もかもコンディションが整ってしまったら、上手くいかない現実は全て自分の責任になるなんて、耐えがたいほど怖いのです。

被害者意識とは自分を正当化させなければという強迫観念が元になっていて、いつも自分が悪いのではないかという恐怖を持っています。

こんなコンプレックスの原因はもちろん過去や過去世にあるのですが、たとえば幼いときに両親に「おまえのせいだろ」などとしかられたり罰せられてきた人は、必ず過去世でも濡れ衣を着せられて犯罪者に仕立て上げられたり、何らかのかたちで罰を受けるなど恐怖の体験をしています。

だから、生まれてきたくなかったのです。そんな人にとっては、幸福になることより、自分を正当化させる方が重要なのです。

まず知っておいていただきたいことですが、あなたは何があってもあなた以外の人の責任を負うことはできないし、負う必要もありません。

どんなに努力しても、あなた以外の人を幸せにすることはできないのですから、あなたはどんなことをしても自由です。

誰にも罰せられることもなければ責任を問われることもありません。

安心して自分を幸せにすることだけを考えましょう。

あなたの恋愛が長続きしないのも、こんなところに原因があります。

まずは「責任に対する恐怖」があるということに、気づいてください。

60
スピリットはあなたが不幸になるようなことは何があっても起こしません

人は出会いと別れを繰り返すものだとわかっていても、やっぱり別れは辛いものです。感情的には納得できない事実の一つですが、人生がゲームなら、ここはゲームの世界ですから、悲しいことや寂しいことがなければドラマは生まれないし、ロマンスも生まれません。悲しいときは我慢をせずに、男も女も思いっきり悲しい気持ちを表現して泣きましょう。

しかし、別れの際にスピリットはお互いにたくさんのギフトを与え合って別れられるように働いてくれます。

彼らは、ずっと先のことまで考えた上で、ベストな方法とタイミングで、別れを演出してくれるはずです。

私は若いときに大好きだった人が亡くなりました。

初めて一緒に出かけた車の中で、「あっ、この人はもうすぐ死んで、私はお線香をあげに行く」と、感じてしまったのです。もちろん信じたくない気持ちが強かったのですが、私の直感は100％外れたことがありません。

私がなぜ死んでいく彼と出会ってしまったのか、自分の内面をじっくり探っていく作業をしていくうちに、一つの人生を思い出しました。

そのとき彼は私の夫でしたが、お互いに誤解ばかりしていて不仲な状態でした。私が重い病気にかかったときに、初めて夫のことを愛していたと気づきます。でも、遅すぎました。今世での出会いは、過去世でのお互いの無念さの清算だったのです。今度は彼の方が、私を置いて逝ってしまいました。


どんなに悲しいことにも、無駄はありません。私は、彼が死ぬのを待つことができずに、自ら決心して終わりにしました。

自分は本当に卑怯《ひきょう》な人間だと思ったこともありましたが、自分の幸せは自分自身でつくっていくものだということを、彼は教えてくれたように思います。

亡くなる日の朝、彼は私のところへ挨拶《あいさつ》をしにきてくれました。いわゆる夢枕に立つという現象です。

「もう僕は何にもしてあげられないよ、大丈夫？」という言葉でした。

私自身とても不思議に思うのですが、彼が今でも、生きていてくれたらなどと思ったことは一度もありません。薄情でしょ？　でもそれでいいんです。

お互いのエネルギーを清算したら、全ては終わるのです。

そして、感情的な関係ではなく、もっとスピリチュアルな関係になっていきます。

その後も、私にとってこの経験がどれだけ役に立ったことかと感心します。一石三十鳥というところです。

どんなに辛い経験でも、長い目で見たら、あなたのスピリットは、あなたが不幸になるようなことは何があっても起こしません。

本当に感動するほど私たちは愛されているんですよ。

必ず辛い思いをしただけのことは返ってきますから、楽しみにしていてください。

61 今別れているという事実は、あなたにとって最善の選択であったはず

私は夫と出会ったころ、会うたびに振られていました。

それでもスピリットは、「まあそう言わずに、ここは続けて」と言うのです。

私は、この人生は全面的にスピリットに従うと決めているので、渋々従って、もう何十回何百回と一人の男性に振られ続けました。

でも、ある日私はひらめいたのです。

「もし、こんな最悪の私たちが幸福な関係になったら、この先私にできないことなんかきっとないわ。だって、そんなことになるなんて奇跡だもの。そうだ、私はきっと奇跡の起こし方を学んでいるんだわ！」と。だから、諦めませんでした。


あなたはいかがですか？　1回や2回振られたからって、そう簡単に諦められるなら、

そうするべきでしょう。むしろ、早く次の人を見つけてください。

でも、執着心とは別に、何となくこのまま別れてはいけないような気がするときもあるものです。

あなたの選択が間違っていれば、スピリットは必ず修正してくれますから、安心して自分の好きな方を選択してください。

このまま忘れることに努めてもよし、絶対に諦めないことを選択するもよしです。

全てが受身になってしまうと、自分を被害者にしてしまう不幸な人生になってしまいます。


何年たっても「失恋のトラウマが……」などという人は、被害者になることを無意識に選択してしまったのでしょう。これでは苦しいに決まっています。

だから、失恋の後遺症を引きずっている人は、自分自身ですべてを選択し、人生をクリエイトしていくだけのバイタリティを取り戻せずに人生が受身になりがちです。

これでは失恋のトラウマを理由にして、自分自身を幸せにする作業をサボっているような状態です。

さて、大好きな人が心変わりしたのは、あなたにも原因があるはずです。


あなたが、その人に惹かれたのはどうしてだったのでしょう？

あなたにないものを持っていたから？

尊敬できると感じたから？

ただ「好き」だったから？

そして、あなたは自分の気持ちにどれだけ応えてあげたのでしょうか？

どんな理由でも**あなたが惹かれるには、自分の裏側に持っている隠れた性質や能力などを、あなたの潜在意識が相手に感じているのです。**

その刺激を受けて、あなたが気づかないうちに、あなたのオーラは大きく変化してしまう場合があります。

たとえば、あなたがカリスマ性のある人に惹かれる場合、自分にはカリスマ性もないし人に対する影響力など持っていないからなどと、謙遜《けんそん》することはありません。

人は自分と同じものを持っていない人に、惹かれることはありません。ですから、その人には、あなたと同じような内気で自信のない部分や劣等感が潜んでいるのでしょう。

そして、あなたの内側にはあなたが憧れるようなカリスマ性や人を惹きつける影響力が隠れているのです。


あなたにとっては、相手に自分に潜むプラス面を見られますが、相手にとっては自分の見たくないマイナスの側面を見せ付けられるのですから、不愉快極まりない状態です。

だから、何とかしてあなたから逃れたいと思うのも無理はありませんね。

これが、失恋をつくる原因になっている可能性もあります。


あなたの過去の失恋の状況も、今なら客観的に見られるでしょう。

あなたが引き寄せた相手は、あなたのスピリットの同意なくして別れることはできません。でも、**今別れているという事実は、あなたにとって最善の選択であったはずですから、あなたにたくさんのギフトを与えてくれる、新しい人が待っているということなのです。**

あなたの気づかないたくさんの才能や魅了に気づき、それを表現していくことをサポートしてくれる相手がきっと待っているはずです。

62 その人をあなたが「手放したくない」と思うなら、それが全てです

振られたからといって、簡単に自分の気持ちを曲げるのは誠実ではありません。

あなたが、強い信念を貫くほどの価値がない相手だと感じるなら、もちろんそれでもかまいません。

魂が手放してはいけないと言っている気がするくらい好きなら、その気持ちに素直に粘るのもいいではないですか。

でも、本来誰も「その相手はあなたの魂が約束した相手だよ」と言える人はいないのです。唯一教えてくれるのは、**あなたの心の深いところにあるスピリットからの声です。**

あなたが、その人は「自分にとって手放してはいけない重要な人だ」と感じるのなら、それが全てです。

それであなたが不幸になるようなら、どんなにあなたが努力しても、やがて別れは来るでしょう。それでもあなたが不幸になることなんかありませんから、安心してください。

私のように「もしこの恋愛を成就させることができたら、どんな奇跡だって起こすことができる」と思ってみるのも一つのやり方です。

63

豊かな恋愛で、あなたが必要とする人やチャンスをどんどん引き寄せる

恋に恋するタイプの人がいます。

中身のない恋愛でも恋は恋、何でもいいからデートする相手が欲しいとか、「とにかく誰か紹介して」などとおっしゃる方もいらっしゃいます。

本当にそれでいいんですか？　そんな恋愛では、決して豊かな気持ちにはなれません。

恋愛には「リッチな恋愛」と「チープな恋愛」があるのです。

リッチな恋愛は、パートナーを通して、自分でさえ知らなかった側面を「知る」ことによって、自分だけでなく、相手も変化していきますし、二人をめぐる現実もどんどん変わっていきます。そして常に新しいことを「知る」チャンスに恵まれます。

これが豊かな恋愛です。

リッチな恋愛は、精神的な満足を与えてくれるだけではありません。物理的な豊かさももたらしてくれます。

あなたがリッチな恋愛に取り組むと、あなたから幸福を遠ざけていたプログラムはどんどん外れていきます。そうすると、あなたの知らなかった性質、性格、能力、力、才能などが自然に表現できるようになり、あなたがつくり出す現実も変化し始めます。

具体的には、**あなたが必要とする人やチャンスを、どんどん引き寄せます。**

もちろんあなただけではなく、パートナーにも同様に起きるようになります。

あなたが本当の自分に気づいて、あなたらしくいれば、豊かさはだまっていてもついてきます。

あらゆる宗教が説いているように「外側の豊かさを追ってはいけない」つまりは、外見的物理的な豊かさを追っても意味がないということですが、確かに正しい意見です。

でも、これは「豊かであってはいけない」ということではありません。

物理的な豊かさを経験するためには、まず内面の豊かさを放出する方がずっと早く実現化でき、しかも、失うことはありません。

あなたの「知りたい」という衝動が、純粋で健全であることが豊かさを手に入れるためには必要です。そして、この衝動を維持するにはスタミナも必要です。

どんなことでも純粋に好奇心を持てることに取り組んでみるのは有効です。

あなたの忘れかけていた、子供のような情熱と好奇心を育むことにつながります。

64 自分が何を望んでいるのか明確にしましょう

素晴らしいパートナーシップは、あなたに劇的な変化をもたらします。

しかし、多くの人が、この変化に恐怖や不安を感じます。

もう二度ともとの自分には戻れないことを感じると、多くの友人とわかり合えなくなることや、両親にもわかってもらえなくなること、社会的な信頼を失う可能性などを考えて、せっかくのチャンスを抑圧してしまうケースも、以外と多いのです。

そこで、もう一度自分が何を望んでいるのか明確にしておきましょう。

その目的のために自分自身や、自分を巡る現実の変化を受け入れることができるか、あなたの正直な思いも確認する必要があります。

繰り返しますが、あなたのスピリットは、あなたを不幸にすることはありません。

自分でも何度もこのことを自分に言い聞かせてあげるという方法もよいかもしれません。

変化は人生のゲームを楽しむための必須事項ですから、変化を受け入れにくいタイプの人は、丁寧にそこを変えてゆくプロセスも楽しんでください。


今まで着たことのない感じの服装にチャレンジするとか、やったことがないことにトライするとか、新しいことを生活に取り入れていくのも役に立つでしょう。

意外な変化が面白いことに現実も変化させることに気づけるでしょう。

65 パートナーのスピリットと対話してみる

恋愛を通して培ったことは、二度と失うことはありません。

もちろんここまでこぎつけるのには、信じ続けるスタミナも勇気も必要です。

そのためには、パートナーのスピリットともコミュニケーションを、しっかりとりましょう。

パートナーシップに取り組むもう一つのメリットは、パートナーのスピリットをあなたの先生として迎えることができるという点にあるでしょう。

まずはパートナーのスピリットを呼び出してみてください。

ここで、スピリットの存在を確認したり、声を聞こうとする必要はありません。

呼べば必ずあなたのもとに来てくれると信頼してください。

そして来てくれたスピリットに、まずあなたがパートナーシップに取り組む約束をすることです。これだけでも十分にスピリットはあなたの申し出を歓迎し、今後の二人の取り組みを祝福してくれることは間違いありません。

そして今後パートナーが、あなたのコンプレックスである傷にその鋭い刃を貫通させるとき、あなたがその傷を癒すために自分自身に向き合うことを力強く助けてくれるはずです。

あなたやパートナーのスピリットは、あなたがパートナーを愛する以上に、あなたを愛しています。そして、当然あなたのスピリットもあなたを愛しています。

スピリットという強い味方を得ることによって、あなたは辛いプロセスを力強く進むことができます。

66 自分勝手な欲求とスピリットの声の区別がつかない人へ

「どこまでが自分のエゴイスティックな欲求で、どこまでがスピリットの声なのかよくわからない」と言う方は非常に多いです。

これを見分けるには、根拠があってもなくても、「自分はこうなりたい」「こうしたい」という純粋な欲求を認めることが大切です。

そして、その欲求にジャッジメントは必要ありません。

たとえば、「私が彼と付き合いたいのは自分勝手な欲求で、本当は魂同士は必要としていないんじゃないかしら?」とか、「彼にとっては迷惑なんじゃないかしら?」などです。

あなたにとっても、相手にとっても、必要でなければお互いに引き寄せることはありませんから、そんな心配は不要です。

そんなことよりも、あなたの心を明確にするべきです。

なぜならあなたのイエスかノーかが決まれば、スピリットは必然的に答えを与えてくれます。

一番厄介になるのは、どっちつかずの曖昧な姿勢です。

こうなると永遠に迷いから抜け出せなくなります。

悪い癖として、どうしても甘い物が止めらないとき、量を減らしても直ぐに元に戻ります。でも、一切断ってみると、意外と必要ない物だと気づけるようなものです。

間《あいだ》を取るような曖昧な結論は却ってあなたが苦しむだけだということを覚えておきましょう。

第8章

美しいSEXと結婚（魂の契約）

67 結婚前の迷宮《ラビリンス》症候群①
プレッシャーに負けて結婚しようとするケース

結婚式は神聖な儀式として神前や教会で行うくらいですから、本当はスピリチュアルな約束です。

結婚に関して多い悩みは、両親や親戚のプレッシャーに負けて結婚してしまったり、しようとしているケースです。

今付き合っている人がいたとしても、なかなか結婚には踏み出せないというとき、この不安は何かを暗示しているのでしょう。離婚する夫婦の大半が、あのときの一瞬よぎった不安が的中したのだという感覚を持っているようです。

どんな場合にも、「……ねばならない」という概念に自分が縛られていないかどうかを確認してみることが大切です。

あなたの目的は結婚するということにあるわけではありません。

結婚生活を通して、あなたが自分を幸せに導く状態をつくることができるかが問題なのです。両親や親戚にどんなに心配されても、あなたの人生を変えられるわけではありません。あなた自身が、唯一どうするかを決める権利を持っています。

たとえ、両親に薦められた人と結婚して失敗に終わったからといって、両親が責任を負えるわけでもないし、傷ついたあなたを救えるわけでもありません。

自分の人生に自分で全責任を負う覚悟がないと、あらゆる場面で選択を間違いやすくなってしまいます。

たとえどんな人と結婚しても、どんなに夫が愛してくれても、あなた自身が今この瞬間に幸せを感じることができなければ、本当の幸せとはいえません。

68

結婚前の迷宮《ラビリンス》症候群②
現実逃避の手段として結婚を選ぶケース

結婚そのものに対する憧れはないけれど、現状に満足できないために、現実逃避の手段として結婚を選んでしまうケースもよくあります。

これは、問題をすり替えてしまっているだけです。本当の問題は、仕事だったり勉強だったり、今自分が取り組んでいることに満足を得られないという点にあります。

でも、キッパリ申し上げましょう。残念ながら結婚はその代わりにはなりません。そんな気持ちで結婚しても、またすぐに不満が出てくるだけです。あなたがこの人生で何を求めて、何を表現したかったのかという問題を放り出すことはできないのです。

いずれにしても、機が熟していないうちに結婚をしようとすると、必ずあなたは混乱の中になげこまれたような感覚に陥ってしまいます。

ですから、結婚に踏み切るタイミングは大切です。

自分の内面に誠実に向き合って、純粋な気持ちや感覚に従うようにしてください。

もし、あなたが人生にくたびれてしまって、少しでも逃げようとしていたり、楽になりたいと思っているタイミングであれば、結婚には適していません。

必ず依存の関係をつくり出して、お互いに不満を抱えるような状況を無意識につくってしまうことになるでしょう。

あなたのオーラは必ず相手のオーラに投影され、二人のオーラは必ず現実に投影されますから、自分が上手くいっていない状態でパートナーと全てを共有する生活に突入すれば、パートナーの現実にも、上手くいかないさまざまなことをつくり出してしまいます。

そして、パートナーもあなたと同じように、あなたに依存したくなったり、自分自身の人生から逃げたくなります。


まずは、自分自身の人生から逃げないこと。そして、そのためのパートナとしての役割をお互いに果たし合う関係ができれば、結婚は二人にとってより神聖な意味を持つことになるでしょう。

69

結婚は最大の「幸福」を得るための契約の儀式

スピリチュアルな意味での結婚という概念は、一般的に思われているものとまったく違った意味を持っています。

魂やスピリット同士が契約した関係にある男女がパートナーシップに取り組むということは、極めて神聖な行為ですから、特権階級の人たちにしか許されていなかった時代もありました。

では、特権階級の行った結婚式という儀式とはなんだったのでしょうか？

それは、宇宙の契約です。なぜならかつての王侯貴族たちは、地球外からやって来た種族たちだったからです。結婚は彼らにとって**魂を純化する儀式であり、この地球で魂の目的とするところを果たし、最大の「幸福」を得るための契約の儀式でもあります。**

今では世界中のありとあらゆる人が結婚式を挙げますが、それぞれの魂の純化と、至福の実現のための儀式には違いありません。

でも、結婚の儀式も大切ですが、それ以上に大切なのは、二人のあり方です。お互いを監督し合う関係では、魂の純化など起こるはずがありません。

仮に、上手くいかなくなって離婚したとしても、罪悪感を持つ必要はありません。別れることによって、結婚した意味を得る二人もいます。

一緒にい続けたらお互いに相手を憎み続けていた関係でも、別れてみると、全ての経験が自分にとって必要だったと理解でき、魂が約束した協力者だったのだと、ハッキリと感じられるようになります。

ところが、自分が悪者になってしまうと思うと、離婚を切り出せなかったり、パートナーに対して無責任だと思うと断念したり、一人になっても生活に困らないようになるまで一緒にいようとか、子供が成長するまで我慢しようなど、自分に不誠実なことをしていると、その状態がつくり出すオーラのハーモニーが周囲に放出されて、現実にも大きな影響を与えます。

「愛」は厳しいと感じるほどに中立ですから、離婚を恐れる必要はありません。

それとは別に、魂同士の契約期間が過ぎれば一緒にいることはできません。そのときが来れば、なんらかの理由で別れざるを得ないようになっていきます。

あなたのスピリットは自分自身ですから、あなたに乗り越えられない困難を引き寄せたりしません。どうぞ、自分自身であるスピリットを信じてください。

70 「らしくない自分」を演じ続けると結婚生活は苦しくなります

まず、結婚する前に自分自身にちゃんと向き合うことを学びましょう。

結婚して急に環境が変わると、自分を適応させようと必死で、「らしくない自分」を演じてしまいます。これを続けていると、苦しくてたまらなくなります。

どんなに周りにせかされても、自分自身の準備が整うまでは、結婚しない方が懸命です。

お互いに、相手を通してきっちり自分と向き合い、自分自身の傷を自分で癒す方法を覚えていけば、結婚してもそれをお互いの両親や子供にも応用することができます。


パートナーに対するのと同様に、お互いの両親に対しても、ありのままの自分でいるように努力してください。

決して、横柄《おうへい》になれとか、わがままになれと言っているわけではありません。

ただ純粋に、自分自身に誠実であるように努めてください。

その誠実なあなたのオーラは、やがて両親にも変化をもたらします。

もともと違った環境や時代に生きてきた人たちですから、価値観や好みが違うのは当然です。相手のエゴのみと付き合うのではなく、相手のスピリットとたくさん会話をしてみてください。

これは、パートナーのスピリットとコミュニケートするときと同じ要領です。

実際何人ものクライアントさんが、「嘘みたいに両親との関係が改善しました。」と驚きの報告をくださいました。

もちろん子供に対しても同じです。良い親を演じても、子供にとっていいことはありません。あなたがあなたらしくなければ、子供はあなたを親として選んだ意味がなくなってしまうのです。子供にはあなたの全てをオープンにしてください。

夫婦という神聖な契《ちぎ》りを結んだ関係は、結婚生活を通していくらでも自分自身の力を開いていくことができる関係です。

それなのに、いつの間にかお互いの力を抑圧する関係になってしまっているのは、とても残念なことです。

71 「自分の能力を表現する場」を共に引き寄せる

ご参考までに、私がどんなふうにパートナーシップに臨んできたのかをお話しします。会うたびに、夫は私が密かに持っている依存心をピシャっとはねのけ、最も言われたくないことしか言いませんでした。

かといって彼自身が完璧かといえば、とんでもない、当時はまだ自分の持っている力や能力、感覚、感情にさえも蓋《ふた》をして、思わず「人のこと言っている場合じゃないでしょ！」と言いたくなる状態でした。

さらに、「一緒にいると重たい」「あなたとはパートナーシップなんてやっていけない」、あげくに「悪魔！」とまでお褒めいただく日々でした。

「何で私がこんなに傷つけられなきゃいけないの？」とスピリットに聞けば、「傷ついたのではなく、元からあった傷に気づいただけ。気づかせてくれた彼は、約束を果たしただけだ」と答えるし、心身ともに八方ふさがりの状態で、パートナーの言葉に強く反応する原因となる傷を探し出し、それに取り組むしかありませんでした。

それでも時々私の感情は、ジェット噴射のように噴出し、一度は彼につかみかかって自分の怒りをぶちまけました。すると、私がぶつけた怒りのパワーは見事に自分自身に跳ね返り、8時間ほど気絶してしまいました。

こんなバトルをほぼ毎日続けていくうちに、彼自身がどんどん変化していく姿を見ることになります。

こうなると、毎日のバトルはいつしかバトルではなくなり、非常にスピリチュアルな充実したワークとなっていきました。そして、二人はどんどん変化し、お互いを認め合えるようになり、ついには彼自身がパートナーシップに取り組む決意をしました。

すると、次第にお互いの傷を癒す段階から、傷のために表現できなかったり、自分でも気づかなかった能力を引き出したり、今世での目的を探すプロセスに入ります。

これはとても楽しい日々です。

そして、二人はさまざまなチャンスを引き寄せました。

たとえば、私にたくさんの本を書くチャンスが廻って来たり、彼に絵を描くチャンスが来たのは、お互いが求めている「自分の能力を表現する場」を共に引き寄せ、共に実現化していったからです。

今まで発揮できずにいた自分の力や能力を開花させていくことは、お互いの人生を豊かで幸福なものにしていきます。これが本来のパートナーシップです。

自分を犠牲にしていると、相手にも犠牲を払わせようとしたり、相手に自分の価値観を押し付けようとしたり、お互いの幸せを望んでいるはずなのに、実際には反対のことをしてしまいます。

みなさんにも心当たりがあったら、ぜひ今日から取り組み方を変えて、決して色褪せることのない信頼関係を築き、「愛」のある結婚生活にしてください。

72
美しいSEXは「神に近い行為」

SEXはスピリチュアルからかけ離れた行為と思われているようですが、それは宗教的な影響から来ているのではないでしょうか。

「色を好むはよからぬこと」と大概の宗教は教えていますし、聖者、聖人は禁欲生活をしています。


しかし、世界中の神話の中で、神々が大胆に性交を楽しむ姿が書かれたものはたくさんあります。

シュメール神話の中では「聖娼」という役割を持つ、イナンナという女神がいます。

これは、聖なる娼婦とでも言いましょうか？　セクシュアリティーに対して特定の概念を刷り込まれている私たちにとっては、何とも不思議な役割のように思いますが、この時代の人には、まだSEXが汚れた行為だという間違った概念は全くなかったのですね。

さて、ここで私たちも改めてSEXについての概念を直す時期がきています。

私たちの数ある行為の中で最も「神に近い行為」と言われているのがSEXです。

しかし、SEXに潜在的なトラウマを抱えている方はとっても多いと思いますね。

今世は日本人でも、過去世で敬虔《けいけん》なキリスト教徒だったりすると、そのトラウマをしっかりと持ってきてしまいます。

そうでなくても、過去世でレイプされた経験があったり、してしまった経験があると、性に対する思いや現実に影響してきます。

SEXでは肉体のみならず、エネルギー的にもダイナミックにコミュニケーションしています。このときに第2チャクラであるセイクラルチャクラが活性化していると、肉体的、精神的、霊的な喜びを人生で経験し、また分かち合うことができるようになります。

一方セイクラルチャクラに問題を抱えている状態だと、SEXで上手く自分を解放できなかったり、生殖器に関わる病気になりやすかったり、物理的精神的豊かさが得られない状態にあります。

もし、あなたのセイクラルチャクラに何らかの問題があって、思うような感情表現もできず、パートナーに理解されていないのではという不安を抱えていたら、あなたにとってSEXという豊かなエネルギーのコミュニケーションは、重要な役割を果たしてくれるでしょう。

あなたは、自分のエネルギーをできるだけ外に向けて放出するイメージをしてください。

そして、パートナーはそのエネルギーを受け入れるようにイメージするのです。

このエネルギーによるコミュニケーションを通して、あなたの閉じていた、あるいはバランスを失っていたチャクラに、ヒーリング効果を得ることができます。

もう一つの役割をお話しすると、SEXはダイレクトに体液を交換し合う行為ですから、紛れもなくDNAレベルでも、お互いの情報交換をしています。

だから、SEXだけで終わってしまう関係があってもおかしくありません。

また、SEXから始まる恋愛があったっておかしいことではなくごく自然なことです。

ＳＥＸから始まって、非常に深いレベルでつながるような恋愛に発展するときは、魂やスピリットが約束した関係だったのです。

ですから、「こんな変な出会い方するなんて神聖な関係じゃないかも……」という不安はまったくのナンセンスです。

73 エネルギーが交流するスピリチュアルなSEX

SEXは非常にスピリチュアルな行為で、私たち人間はSEXを通して、自分たちを高めていくことができます。

実は、SEXは私たちの心や魂というレベルに深く刻まれた傷というかたちのプログラムを解除してエネルギーを純化し、私たちの本来の機能を完全に作動させるスイッチとなりうる行為です。

では、実際どんなふうにSEXに取り組めばいいのかを具体的に説明すると、まず、段階があることを理解してください。

第一段階は、お互いの全てのボディーを通して、信頼関係を築いていくプロセスです。

SEXは肉体同士のぶつかり合いやコミュニケーションにとどまる行為ではなく、オーラ間のエネルギー交流でもあります。

たとえば、信頼関係のない二人のＳＥＸは肉体だけの交流で、メンタルボディーは警戒し合っていますから、ダイナミックなエネルギーがあなたのフィールドを駆け巡るようなことはありません。

ですから、全てのボディーが信頼し合い、強く交流し合うことが、まずは第一段階をクリアするために必要です。

この段階をクリアさせる上で重要なのは、完全に「パートナー＝自分自身」と思えるかどうかです。

人は誰でも自分のことが一番大切に決まっています。ですから、どんなにパートナーを愛していると思っていても、それはエゴイスティックな愛情だったりします。

たとえば、パートナーが何かに特別な関心を向けているとき、自分がその世界に割り込むことができないと疎外感を覚えたり、相手にしてくれないと感じ、無意識に相手を邪魔しようとしている自分や、嫉妬している自分に気づくことがないでしょうか？

実は誰にでも、パートナーに対するライバル意識や優越感、劣等感はあるものです。

できるだけ自分自身を客観的に捉えて、そんな自分を見つけたら、これは自分自身に傷がある証拠だと思って取り組みましょう。

「パートナー＝自分自身」に取り組み始めると、お互いのハートチャクラはどんどん開いていきます。

そして、お互いの警戒心がなくなるにつれて、二人の全てのボディーが共振し合って、ダイナミックな交流をするＳＥＸになります。

これを体験すると、もう普通のＳＥＸでは物足りなくなってしまうでしょう。

これがスピリチュアルなＳＥＸと呼べるものです。

74 究極のエクスタシー 全宇宙との一体感と至福の感覚

次の段階では、光を放つようなエネルギーの活性化と、意識の目覚めを促す神聖な営みとしてのSEXになっていきます。

私たちのシステムは、実はまだその大半が使われることなく眠っています。

でも、この段階になると、今まで使われていなかった脳が働きだし、あらゆる感覚が鋭くなります。

この段階に必要なのは、絶対性という感覚です。

これは、全ての物事は何とも比較する必要がなく、また、比較することができないという世界観ですが、私たちはきつい概念のおかげでなかなか理解できません。

私たちは幼いときから、いつも順位や順番、点数などで評価されることによって、比較されてきました。

そのせいで、自分も無意識に人と比べて優越感を持ったり、逆に劣等感を持ち、傷ついたりしています。夜ごと一人反省会を開くのが趣味の方、そんなに自分をいじめると、人からもいじめられますよ。


さて、こんな比較&ジャッジ癖がついている私たちは、SEXに関しても例外ではなく、特に行為の最中もパートナーはちゃんと感じているか、ちゃんと楽しめているかと絶えず相手の反応を気にしたり、相手が何を求めているかを知ろうとしたりして、無意識にさまざまなマインドを使っています。これでは、自分の感覚を満喫することはできません。

それに、ジャッジメントのマインドが働くと、エネルギーはドーンと周波数を下げ、重くなってしまうので、せっかくハートをオープンにしたはずの関係も台なしです。

まずは、SEXのときにも「パートナー=自分」の感覚をハッキリと意識してみてください。すぐには無理かもしれませんが、次第にできるようになっていきます。

お互いのエネルギーの流れに、意識をフォーカスさせましょう。

それではこれから、エネルギーのSEXをご紹介しましょう。

まず、男性は女性の肉体のどこか（手の平でもお腹でもどこでもOKです）を意識して触れながら、そこから自分のエネルギーをゆっくりと相手に流してください。

女性はそのエネルギーがゆっくりと優しくあなたに入ってくることを感じてください。

そのエネルギーがオーラを通じて男性の中に流れていきます。

そして、再び男性のエネルギーが女性の中に流れ込んできます。

この動きが徐々に速くなってぐるぐると回り、どんどんパワフルになっていきます。

この感覚を感じている間は肉体の動きは止めてください。

この高速振動は、二人のエネルギーをどんどん光に変えていきます。

そして、感情体やメンタルボディーといわれる部分だけの交流から、次第にもっと大きいボディーがエネルギー交流を始め、最後には7つのボディーだけでなく、さらに大きい宇宙ボディーがエネルギーを回し始めます。

これを続けていくと、自分の肉体とパートナーの肉体が溶け合って、どこまでが自分のもので、どこまでが相手のものか認識することができないくらいに融合していく感覚を得ることができます。

ここからは、変性意識の状態になります。今まで感じたことのない鋭敏な感覚が目覚めて、さらにいつも忙しく働いているマインドはとろけるようにうっとりとして、余計なことは考えられなくなります。

このように、ただ肉体同士が激しくぶつかり合うようなものではなく、非常に精妙なエネルギーの交流によって起きるスピリチュアルなエクスタシーをあなたは感じるのです。

言葉に表すこともできないような全宇宙との一体感と至福の感覚は、あなたの人生そのものを大きく変えていくことになるでしょう。

75
すべての人間関係も大きく変化する！

私たちが持つプログラムは、ある特定パターンの思考や行動、感情をつくり、同じような現実をつくってしまいます。

だから、同じような失恋を繰り返すとか、いつも三角関係になってしまうということが起きます。当然恋愛以外も同じです。

でも、プログラムは不要なものだけではありません。私たちの人格は、魂がこの生涯で探究したいテーマや達成したいと願う何かのために必要な設定ですから、完璧であってはその大切なテーマや目的を見つけることもできなくなってしまいます。

恋愛はあらゆる人間関係の基本ですから、この関係を学ぶことができれば、それ以外の人間関係も大きく変化します。

そして、何よりも自分自身を知るための有効な手段です。恋愛にもっとたくさんの可能性があることを受け入れれば、自分の不必要なプログラムに気づくこともできます。

また、今生の魂の目的に気づくこともできます。

それなのに、恋愛を、何かの犠牲にしてしまうような価値の低いものだという概念は変えるべきです。

恋愛＝色恋沙汰＝浮ついている、ＳＥＸ＝不浄という概念によって、恋愛は軽視されてきました。そのために、私たちは豊かな心を育むチャンスも、公平な分かち合いを学ぶチャンスもなかったと言えます。

私たちは、間違った概念を正し、恋愛の持つ可能性を理解する必要があります。

第9章

新しい時代を
豊かに生きるために

76

宇宙の変化とそれに伴う地球の進化

私たちはいつもダイレクトに地球の影響を受けています。

この地球がちょっと揺れただけで多くの人が命を失い、火山が噴火すれば多くの人の生活が壊されます。3・11の津波は、皆さんの記憶に鮮明に残っていることでしょう。

この地球の些細な変化は、ほんの一瞬で私たち人間の現実を全て呑み込んでしまいます。

そして、私たちはこの地球から逃れる術《すべ》を持ちません。

それなのに、私たちは地球のことにはあまり関心がありませんね。

そこでちょっと、地球のことについてお話ししましょう。

私たちが地球から受ける影響は、気象や天変地異などの目に見える現象ばかりではありません。一番ダイレクトに受けるのは地球のエネルギー状態です。

第9章

新しい時代を豊かに生きるために

この地球は長い間、ほぼ一定の周波数のエネルギーを保ってきました。

ところが、1983年頃から急激にこの周波数が上昇し始めています。そしてこれは、人間の意識活動に多大な影響を与えています。

そして、私たちが地球から影響を受けるのと同じように、地球自身は太陽系や銀河系といった宇宙の変化に影響を受けています。

このことから、今宇宙全体に大きな変化が起きていることを感じ取ることができます。


宇宙は常に刻々と変化していますが、中でも大きく変化するタイミングがあります。

そして、私たちは今まさにそのタイミングを迎えようとしています。

このような変化は、天変地異などにつながる面もあります。

また、私たちの意識や価値観などにも強く影響を与えています。

最近の政治や経済にも、新しいアイディアが投入されてきているのもその影響です。

私たちは水瓶座時代に相応しい価値観を模索しているプロセスですから、いままでのアンフェアな経済分配の仕組みは、やがて崩壊してゆくことになるでしょう。

曖昧なことは明確化され、隠蔽されてきた事実や、人類にとって大切な秘儀も公平に公開される日が近いことでしょう。

ですから、宇宙にはたくさんの文明があることも、私たちが宇宙の一員であることも、当たり前の概念になるときも近づいています。

こんな時代にあっても普遍的な価値を持つのは、神聖な意味での恋愛です。

77 新しい時代を象徴する動き

今科学の世界はめざましい変化が起きています。これも新しい時代を象徴する動きです。魚座時代は目に見えない曖昧な世界観が発展し、巨大な宗教組織が人々を支配をする時代でした。

しかし、これからは、全てのことが明確化されて行く時代です。

それには科学の劇的な発展が必要不可欠です。

今までの科学は、この社会の頂点に立つ一部の人たちの権利を守るために都合のよい、技術を開発するために発達したに過ぎませんでした。ですから、生活が便利になる一方で、人々は今まで以上に過剰労働を強いられることになりました。

しかし、今、科学技術の目指す方向は、地球上に生きとし生ける生命たちの調和と幸福を目指す方向へと大きく変化しています。

なぜなら、「水」の世界のとびらが開かれたからです。

科学者たちが水に関する研究を始めて、水の智恵を解明すると、たちまち多くの奇跡は奇跡ではなくなります。

私たちの肉体の70％は水でできています。地球の70％も水が占めています。

そして、宇宙の99・999％はプラズマ、つまり水です。

この世界は水によって成っていると言えるのです。

このような時代に、皆さんが柔軟で豊かな心を育むことは、歪んだ社会にメスを入れ、新しい時代に相応しい平和で調和のとれた世界へと進化を進めていく上で、とても重要なことなのです。

78 真のパートナーシップのための5カ条

さて、パートナーシップに取り組むことは、自分自身の成長と豊かな人生のためにとても重要だということはもう十分に理解していただけたと思います。

そして、パートナーシップはすべての人間関係の基本であることも、よくおわかりいただけたはずです。

皆さんが本当に豊かな心を育てることができる、幸福なパートナーシップに取り組み、成し遂げるために何が重要だったのか、夫を亡くしてみて、初めて切実に感じることができました。

夫が亡くなる前の3カ月間、彼は、まるで一生分の変化を凝縮して起こしているようでした。

私だけが記憶していた、古い時代のある宇宙で共に生きていたときの記憶について、かつての彼は、まるで馬鹿げた私の妄想のように聞く耳を持ってくれませんでした。ですから私もついに言うことを止めてしまいました。

しかし、今振り返ると、死期が近づくにつれて、彼の方が鮮明にそのときのことを思い出すようになっていました。その人生での関係性が、私たちの今回の人生に最も大きな影響を与えているからです。

そして、そのときの課題をクリアするために、彼は再び私を追ってきたことを、思い出して何度も何度も私に謝りました。謝られるたびに、悲しい思いがしました。

私は謝られたいと思ったのではなく、彼に幸せになってほしかったのです。

ひとしきり謝ると、おそらく彼は自分自身の尊厳を回復することができたのでしょう。それからは、毎日私にも他の全ての人にも、そして全ての出来事にも感謝するようになりました。「ほんとうに何もかも感謝、感謝しかないんだよね」と何度も繰り返して言いました。

最後には、「あなたは本当にすごい人だ」「あなたはすごいよ、偉大だよ」「本当にありがとう」「これからは自分のために生きてほしい」と何度も繰り返して言いました。

本当にその通りです。現実世界に残った私は、まだ「自分自身のために生きる」という課題をクリアすることができずにいます。つい人を優先し、人のリクエストに応えようとすることを優先してしまうのです。

今でもこの課題を私がクリアするために、彼はずっと付ききりでサポートしてくれているのがよくわかります。次元を隔ててもパートナーシップが続いているのは、私のスピリットが彼のスピリットと約束した最後の課題をクリアできずにいるからです。

彼は、私たちがイメージしたお互いの最大の可能性を発揮するために、この次元を去っていったことを、今の私はよく理解しています。

互いのスピリットが約束し合った真のパートナーシップにおいて、最も重要なことは、**お互いの最大限の可能性をイメージすることにあるのです。**

そしてそのイメージは必ず達成することができるのです。

そこで、真のパートナーシップのための5カ条として、ここに挙げさせていただくことにしましょう。

1　互いの成長をイメージする
2　互いの最大の可能性をイメージする
3　互いの幸福をイメージする
4　互いに支え合うイメージをする
5　互いに真実を語り合うイメージをする

79 奇跡は世界中で起きていることを忘れないでください

誰にとっても、最も満たされた幸福感を得ることができるのは、今世で自分の本質を遺憾なく表現しているときです。ですから、自分にとっての幸福を見つけるためには、自分の力や才能や性質について知る必要があります。

「自分が求めているのはどんなことだろう？」と考えることは、自分の今世の目的やテーマを見つけていく作業です。

自分のテーマがどんなに難しいと感じても、それに対して自分の力が足りないと感じても、決してがっかりしたり、諦めたりする必要などないことは言うまでもありません。

なぜなら、本当は、奇跡は奇跡ではないからです。私たちはまだ自分のことがよくわからないために、奇跡のように思ってきただけです。

私たちが自分でイメージできることは叶える力も必ず持っています。

逆に、イメージできないことを望んでも叶いません。

イメージとは記憶だからです。私たちの記憶には時間は存在しません。ですから、過去の記憶と同様に、未来の記憶も持っています。

あなたのイメージを妨げてるのは、自分に対する過小評価や、不信感や、社会的な概念です。しかし、人がなんと言おうと、奇跡は世界中で起きていることを忘れないでください。

真のパートナーシップは絶対的な世界観にしか成立しません。

誰かと比べて、私はダメだと思う必要はありません。この本と巡り会ったあなたですから、あなたのスピリットは、あなたに奇跡を起こさせようとしているに違いありません。

どうぞ自信と誇りを持って自分に向き合い、自己探求の道を歩んでください。

そして、興味深い人生のテーマに楽しみながら取り組んでください。

あなたのパートナーは、まだ巡り会っていなかったとしても、常に心に存在しています。

そして、あなたと出会えるタイミングを待っているでしょう。

あなたはその人に相応しい自分になるために、どうぞ自分を大切にしてください。

80

「80」が示す進化に向かうパートナーシップ

言葉には、言魂《ことだま》といわれる、何らかの意味を持つエネルギーがあることは皆さんもご存じだと思います。同様にそれぞれの音にも違った意味を持つエネルギーがあります。そして、古来から「数秘術《すうひ》」「数魂《かずたま》」などと呼ばれてきたように、0~9までの数には、それぞれ違った作用を起こすエネルギーがあります。

前作では「81」という創造と豊かさの象徴であり、また限りなく繰り返されるサイクルの営みを表わすパワーを込めて書きました。

今地球は、新しい時代を迎え、進化へと向おうとするタイミングにあります。そこで、まっさらなところからのスタートを切るに相応しく、敢えて「80」という数が示す、非常にスピリチュアルな、制限のない自由な創造のパワーを込めた本にしました。

宇宙には、特定のサイクルがあります。そして、それぞれの惑星や恒星にも独特のサイクルがあります。地球には歳差《さいさ》運動といわれる、地軸の揺らぎによるサイクルがありますが、これらのサイクルが元になっている、「錬金術」「数秘術」「カバラ」「占星術」などの伝統的な哲学や科学があります。

これらのどの分野から説いても、今私たちが生きているこのプロセスは、地球という惑星が未だかつて経験したことがない、大きな変動期を迎えていることがわかります。

私は、2016年から占星学のクラスを始めました。

占星術ではなく、敢えて「占星学」としたのは、結婚、仕事、金銭などに関しての占いと区別するためです。本来占星学は、このような凡庸な目的のために使われてきたものではありません。

それぞれの魂の目的や、その目的を達成するために持ってきた資質、能力、才能、技術、そして、クリアしてゆく必要のある課題や、習得すべき智恵などを理解するための学問でした。

つまり、非常にスピリチュアルな科学だったと言うことができます。このような伝統的科学の分野は、かつて宇宙からもたらされて、今日に至るまで残っている非常に貴重な学問です。

2015年元日の早朝、私の夢に現われたドクターマーリンは、「新しい時代を迎えるに当たって、道なき道を開拓してゆく地球人にとって、この学問は大きな助けとなるだろう」と言って、通常の占星術の世界では、語られてこなかったことを私に教えてくれました。

2017年、地球は魚座時代から水瓶座時代へと移行しました。しかし、時代の移り変わりは、スッキリと今日から変わるというわけには行きません。通常、初めの30年くらいは移行期に当たり、さまざまな要素が渾然《こんぜん》一体となってカオスを呈する時期となります。

しかし、このたびの魚座時代から水瓶座時代への移行は、迅速に変化する必要があります。そのことは、ユダヤ教の教えの中でも、旧約聖書の中でも取り上げられています。

なぜなら、今回の時代の移行には、重要な選択が伴うからです。

それは、私たちがこの先進化し続ける可能性を選択できるのか、あるいは近い将来、地球が壊滅的な危機を迎える方向へと向かわせてしまうのか、地球の運命を二分するような、非常に重大な選択です。

しかしながら、この選択を固唾《かたず》を呑んで見守っているのは、地球外の仲間たちで、当の本人たちは知らぬが仏の状態です。却ってその方がよいでしょう。緊張は失敗の元ですから。


私たちが地球を進化の方向に向かわせるために必要なのは、水瓶座時代に相応しい社会をここに実現することです。

魚座時代が「支配の時代」と言われてきたのに対して、水瓶座時代は、「解放の時代」と言われています。つまり今までとは真逆の性質を持っていると言えるでしょう。

水瓶座が目指すのは、常に全ての人が安全で豊かな生活を送ることができる、社会の完全性です。そして、一人一人が、社会を構成する一員として、その独自性を活かして、積極的に私心のない活動をすることを求めます。

また、「公平な分かち合い」を大きなテーマとしていますから、今までのような不均衡な社会を一新しようという動きが、あらゆる面で起きてくるでしょう。

水瓶座のもう一つの特徴として、迅速さが挙げられます。ですから今回の移行期にはそんなにたくさんの時間を費やしている余裕はありません。スピーディーに物事が変化してゆかなければ、私たちは進化の方向に向かう道を見失ってしまいます。

このためには、一人一人の意識が飛躍的に変化することが必要になります。

しかしながら、そのチャンスは一体どこにあるのでしょうか？

それは人間関係にしかありません。

そして、あらゆる人間関係の基本はパートナーシップであり、しかも恋愛感情を伴うパートナーシップであれば、爆発的なスピードで人の意識を変えることが可能です。

ですから、今まで以上にパートナーシップの可能性と意味合いが重要になっています。

バベルの塔の話を取り上げましたが、その通り、私たちは言語の壁によって、また物理的な距離によって、結束することを妨げられてきました。しかし、人との隔たりをつくってきたのは言語や距離ばかりではありません。何よりも心の交流を妨げる価値観によって、つながりを断たれてきたのです。

人が活き活きとした活力を取り戻して、本来の力を発揮するためには、あらゆる人々と、またあらゆる物事との健全なつながりを持つ必要があります。

しかし、経済至上主義的価値基準で、人を差別化し、互いに監督、評価し合わなければならない状態では、心のありようなど意識する間《ま》も与えられません。そこにあるのは殺伐とした人間関係ばかりです。

今は以前より一層重要な意味と、役割を持つパートナーシップとなりましたが、ぜひ一人でも多くの方が興味を持って、どんな関係性においても応用可能な向き合い方として、取り組んでいただけることを願ってやみません。

地球が進化した、新たな夜明けを迎えるその日に向けて。

おわりに――新しい時代を切り開く勇者の皆さんへ

今回の改訂版のお話をいただいたおかげで、13年前の原稿を再び読み返す、貴重なチャンスを得ることができました。この作業は、私にとって、未熟な過去の自分に対面するようで気恥ずかしい思いがする反面、ここまで、夫の支えによって歩むことができた、私自身の道のりが、たくさんの挑戦に彩られた、楽しく、豊かで、幸福に満ちたものであったことを、あらためて確認する素晴らしいチャンスとなりました。

日頃は、過去を振り返ることを敢えてしない私ですが、人生のいくつかの章を終え、本文でも触れさせていただいたように、私自身のために意識を集束させることが、人生の最終章の準備として必須である今、このチャンスは、新たな歩みの基礎を固めるような作業となったように思います。

ここであらためて、このチャンスを与えてくださった皆様に心から感謝すると共に、アストラル界から、このチャンスを私に与えるために尽力してくれた夫にも感謝します。

そして、何よりも最後まで読み進めてくださった、新しい時代を切り開く、勇者の皆さんに心から感謝しています。

さて、今私たちは時代の端境期《はざかい》にあり、地球にとっても、人類社会にとっても、最も大きな変化を経験する絶好のタイミングに生きています。

考えてみれば、この数世紀の間に、科学技術は、どれだけ大きく人の意識に変化を起こしてきたことでしょう。電話の登場や、自動車や鉄道の普及は、それまでとは全く違った価値観を、人々に与える結果になったであろうことは容易に想像できます。

その後もたたみかけるように、テレビの登場、高速道路や新幹線、地下鉄ができ、新しい交通網は多くの人の移動の概念を変えました。

そして今、インターネットの普及によって、飛躍的に世界の距離は縮まりましたが、残念ながら、これらの技術は、必ずしも人の幸福と比例するものではありませんでした。

しかし今、科学が新しい分野の扉を開き、人類の安全で豊かな生活と、真の幸福を目指す方向へと、技術開発の目的が大きくシフトすることを予感させるような動きが、目立ってきています。

なぜなら、科学は人間の知恵をはるかに凌駕する、自然界の頭脳とも言える「水」という新たな分野の扉を開いたからです。このことによって、地球上では、今ようやく科学とスピリチュアルが融合しようとしています。

人々の意識は、必然的に大きな変化を起こすでしょう。なんて心躍るような素晴らしいタイミングに居合わせているのでしょう!


しかしそのプロセスにおいて、今までにはなかった、まったく新しい価値観や概念へと、めまぐるしくシフトしてゆく中で、不安を感じ、自分自身の主軸を見失うような感覚にとらわれることも少なくはないでしょう。

そのようなとき、私たちは、一つの魂によって、個としての尊厳を持ち、それぞれが独自の道を生きることを望んで生まれてきたことを思い出してください。

そして一人一人の魂には、光り輝くスピリットが宿り、多くの可能性と希望を持っています。しかしながら、古い概念に基づく社会意識にまみれていると、ついそのことを忘れてしまいがちです。

そして、人と違う自分に劣等感を抱いたり、人と違う意見を持った人を阻害してしまったりします。しかし、もうどんなに違う人同士でも、そこに垣根は必要はありません。

地球にはこんなに豊かな自然があふれ、こんなにも多くの生命が共存しているにもかかわらず、今までの私たちは、心を通わせる関係を上手くつくることができずに、結果として皆孤独でした。

しかし、水瓶座時代に相応しい価値観によって、展開される世界は、一人一人の独自性が尊重され、活かされる世間です。こんなときだからこそ、真のパートナーシップは、どんな書物より、どんな教育より効果的に人の心を開き、成長へと導いてくれるはずです。

ぜひ豊かなパートナーシップを通して、ご自身をより深く探求し、そこに潜在する素晴らしい可能性を発揮してください。

そして、人生というゲームを楽しみながら「幸福」を満喫してください。

2019年1月

Saarahat

本書は『聖なる恋愛コード81《ハッピー》 あなたを至福に導くスピリチュアル恋愛術』（2006年、徳間書店、当時の著者名Masako）を大幅に加筆・修正し、リニューアルしたものです。

サアラ　Saarahat
地球と最も進化した平行宇宙にある先進宇宙文明の繋がりをつくり、地球が進化への道にシフトすることをサポートしているアインソフ議会メンバーの一人。

地球では、スピリチュアルは科学に他ならないことを伝え、歪みのない新しい価値観を自由に探求することを提案するSuper Life Galleryを主宰。

宇宙文明に生きていた時の記憶を持ったままで生まれてきた。

また、なぜその必要があるのか、今回の人生が何を目的としているのかも明確に記憶していた。しかし、今の地球社会にはなかなか馴染むことができずに困難が多い半生だった。

幼少期からマスターたちの導きを受け、宇宙的な真理を科学として伝えるZERO POINT Schoolを開校、2013年まで続く。

その後は、イエスの娘の記憶を持っていることから、進化のタイミングを待っていたイエスが、日本人にのみ教えるJSP School（Aitree主催）のチャネルをつとめている。

講演、セミナー活動の他、インターネットテレビFottoTV「Saarahat Channel」出演、スピリチュアル占星学コース主催。

主な著書に『覚醒への道』（徳間書店）、『アセンションの超しくみ』『宇宙パラレルワールドの超しくみ』『空なる叡智へ』（ともにヒカルランド）、『「あの世」の本当のしくみ』『「魂」の本当の目的』（ともに池川明氏との共著　大和出版）などがある。

http://saarahat.com/

波動のしくみ
魂の出会い 豊かさのひみつ

第1刷　2019年1月31日

著　者　サアラ
発行者　平野健一
発行所　株式会社徳間書店
〒141-8202　東京都品川区上大崎3-1-1
目黒セントラルスクエア
電　話　編集(03)5403-4344／販売(049)293-5521
振　替　00140-0-44392
本文印刷　本郷印刷(株)
カバー印刷　真生印刷(株)
製本所　(株)宮本製本所

ISBN978-4-19-864770-4